AF238006

Análisis filosófico en torno a la interpretación en la tradición musical occidental: rol y vigencia del intérprete

JULIA CABRERA MARTEL

Bachelor's Thesis

[January 2025]

Universidad de Salamanca

Supervisor: Domingo Hernández Sánchez

Faber & Sapiens

Análisis filosófico en torno a la interpretación en la tradición musical occidental: rol y vigencia del intérprete

Julia Cabrera Martel

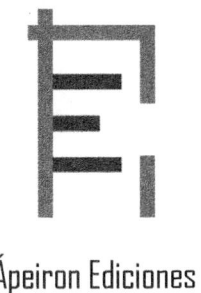

Ápeiron Ediciones

First Edition by Faber & Sapiens,
an imprint of Ápeiron Ediciones,
in 2025

Text copyright © Julia Cabrera Martel

© Faber & Sapiens
© Ápeiron Ediciones
C/ Príncipe de Vergara, n.º 132, planta 9
28002 Madrid
Tfno. (+34) 611 00 28 41
E-mail: info@faberandsapiens.com
http: www.faberandsapiens.com

Design and layout: Ápeiron Ediciones

ISBN: 979-13-990257-2-9
DL: M-11121-2025

All rights reserved. This book is sold subject to the condition that it shall not, by way of trade or otherwise, be lent, hired out or otherwise circulated in any form of binding or cover other than that in which it is published. No part of this publication may be reproduced, stored in a retrieval system, or transmitted in any form or by any means (electronic, mechanical, photocopying, recording or otherwise) without prior written permission of Ápeiron Ediciones.
The publisher is not responsible for websites (or their content) that are not owned by the publisher.

Presentación

El tema que orienta esta investigación se inserta en la rama filosófica de la estética musical y responde a una inquietud vinculada a mi trayectoria profesional. Desde hace casi diez años ejerzo la enseñanza de la interpretación musical, como profesora de piano y como pianista acompañante, por lo que la actividad de los intérpretes en la tradición musical occidental es para mí un frecuente tema de reflexión, tanto por lo experimentado en primera persona, como por lo compartido con colegas y alumnos.

Me da mucha alegría presentar públicamente este trabajo porque supone la celebración de un logro personal y porque une dos intereses profundos a los que he dedicado mucho tiempo de mi vida, que son la música y la filosofía. Si bien lo que me invitó a estudiar filosofía fue el deseo de cultivarme intelectualmente, el chispazo surgió también al final de mi formación musical, cuando se despertó en mí cierto escepticismo al cuestionarme si lo que yo hacía con la música realmente podría tener algún valor artístico, ya que solo repetía lo que otros habían compuesto con anterioridad. Considero que esta inquietud que me acompaña desde entonces merece un ejercicio filosófico por diversas razones. Si bien esta música no dispone del mismo público que otras músicas o existen recursos tecnológicos capaces de reproducir innumerables veces una misma obra, para la cual disponemos de diversas versiones, o incluso de ejecutar dichas obras; también es cierto que sigue habiendo escuelas de música y conservatorios, tanto públicos como privados, desde los cuales se transmite este acervo cultural, se continúa programando conciertos para esta música, etc. Desde este punto de vista, parece claro que todo este esfuerzo comunitario debe tener algún valor, y es esta intuición la que orienta este trabajo.

Conviene aclarar que el objetivo inicial de esta investigación no era profundizar en un debate concreto o estudiar la obra de un autor, sino presentar qué se ha dicho, de la manera más abarcadora posible, dentro de los límites establecidos para un trabajo de estas características, sobre el tema de la interpretación, para luego extraer las conclusiones pertinentes. En este sentido, los autores que tienen más presencia en este trabajo son Stephen Davies, Peter Kivy, Jerrold Levinson, Paul Thom y Stan Godlovitch. En la introducción se plantea que en los años ochenta hubo un florecimiento de la estética musical en la filosofía analítica y se mencionan ahí algunos de los textos que son el germen para el desarrollo de esta rama de la estética hasta la actualidad. Estos autores forman parte de este grupo de filósofos que dan un impulso a la estética musical analítica y que presentan estudios filosóficos sistemáticos sobre la interpretación musical. Es cierto que podría haber seleccionado otros textos o autores, como Thomas Carson Mark, Gregory Currie, Julian Dodd o Theodore Gracyk, nombres que no han dejado de aparecer en las lecturas. Sin embargo, cuando empecé a trazar el itinerario de la investigación buscaba que los autores tuvieran en común el estudio sobre la interpretación musical, la ontología de las obras musicales y la autenticidad de la interpretación, tres flancos desde los que se podrían extraer los elementos que permitieran perfilar el rol del intérprete y su vigencia en la mencionada tradición musical. De modo que, esta investigación no tiene otra pretensión que la de ser un estudio introductorio a la problemática planteada.

Por último, me gustaría expresar agradecimiento a mi familia y a mis amigos, quienes con su cariño y sus palabras de ánimo y confianza han sido el aliento necesario para perseverar en este objetivo personal; y a Jimmy Hernández Marcelo, por brindarme su apoyo incondicional en la recta final de esta etapa, por acompañarme en la ilusión de desarrollar este proyecto y por leer con genuino interés lo que aquí se presenta.

Salamanca, 4 de abril de 2025

CONTENTS

INTRODUCCIÓN

El presente estudio se desarrolla en el marco de la estética musical analítica y nuestro objeto de interés es el intérprete de obras musicales de sus compositores en la tradición musical occidental. La hipótesis inicial es que, a pesar de que el intérprete desarrolla su actividad a partir de la labor artística del compositor, aquél es también un artista de pleno derecho, ya que gracias a su libertad creativa, no solo constituye y da sentido a la actividad compositiva, sino que además cumple un rol esencial tanto para la conservación del repertorio de la tradición como para el desarrollo y transmisión del conocimiento de la práctica interpretativa.

Sobre la interpretación musical en la tradición analítica, Peter Lamarque señaló que la década de los ochenta del siglo xx fueron muy fecundos para la música en cuanto a la producción de literatura filosófica en el marco de la estética analítica. Tanto es así que algunos escritos de este periodo se han convertido en referencias ineludibles para la filosofía de la música posterior. Entre ellos podemos mencionar *The corded Shell*, de Peter Kivy; «The expression of emotion in music», de Stephen Davies; «What a musical work is?», de Jerrold Levinson; «On works of virtuosity», de Thomas Carson Mark; o «The repudiation of emotion: Hanslik on music», de Malcolm Budd. En sus páginas encontramos propuestas filosóficas sobre los principales temas de la estética musical contemporánea[1].

---

[1] Davies, Stephen, «Analytic philosophy», en *The Routledge Companion to Philosophy and Music,* eds. Theodore Gracyk y Andrew Kania, Oxford, Routledge, 2011, pp. 294-304. Véase Lamarque, Peter, "The British Journal of Aesthetics: Forty Years", en *The British Journal of Aesthetics*, 40/1, 2000, pp. 1-10; Kivy, Peter, *The corded shell: Reflections on musical expression*, Princeton, Princeton University Press, 1980; Davies,

Este enfoque analítico de la filosofía de la música surge como respuesta a la tradición continental, que para dar respuesta a sus problemas creaba grandes sistemas o comparaba las teorías de los grandes pensadores. En el caso de la estética musical continental, encontramos diversos enfoques sobre la música: el histórico, como el de Lydia Goehr, que rechaza el proyecto analítico de buscar la mejor descripción y aboga por tratar la ontología de la obra vinculada siempre a la práctica musical; el sociopolítico de Theodor Adorno y Pierre Bourdieu, quienes consideran la música como el reflejo y el vehículo de las estructuras sociales; el anticientificista de David E. Cooper, quien se centra en destacar los aspectos existenciales, emocionales y fenomenológicos de la experiencia musical; y el ontológico de Roman Ingarden, autor vinculado a la tradición fenomenológica que estudia la estructura ontológica de la obra musical y cómo esta es percibida por los oyentes[2]. Por su parte, la propuesta de la filosofía analítica de la música consiste en ofrecer una argumentación objetiva y clara, para tener un enfoque intersubjetivo y empírico, prescindiendo de las teorías y sistemas filosóficos omniabarcantes, con la finalidad de trabajar de manera fragmentaria y acumula-

---

Stephen, *The expression of emotion in music*, Oxford, Oxford University Press, 1994; Levinson, Levinson, Jerrold, «What a musical work is», *The Journal of Philosophy*, 77/1, 1980, pp. 5-28; Mark, Mark, Thomas Carson, «On Works of Virtuosity», *The Journal of Philosophy*, 77/1, 1980, pp. 28-45; Budd, Malcolm, "The Repudiation of Emotion: Hanslick on music", *The Journal of Aesthetics and Art Criticism*, 47/2, 1989, pp. 131-143.

[2] Roholt, Tiger C., «Continental philosophy and music», en *The Routledge Companion to Philosophy and Music*, eds. Theodore Gracyk y Andrew Kania, Oxford, Routledge, 2011, pp. 284-293. Véase Goehr, Lydia, *El museo imaginario de las obras musicales: un ensayo de la filosofía de la música*, trad. Sixto Castro, Madrid, Trotta, 2023; Adorno, Theodor W., *Filosofía de la nueva música*, trad. Alfredo Brotons Muñoz, Madrid, Ediciones Akal, 2002; Bourdieu, Pierre, *La distinción: Criterios y bases sociales del gusto*, trad. Mª del Carmen Ruiz de Elvira, Madrid, Taurus, 1998; Cooper, David E., *Music, nature, and culture*, Oxford, Oxford University Press, 1998; Ingarden, Roman, *Untersuchungen zur Ontologie der Kunst: Musikwerk. Bild. Architektur. Film*, Tübingen, Niemeyer Verlag, 1962.

tiva. En este escenario, el presente Trabajo de Fin de Grado (TFG) se inscribe en el marco de los temas y debates que aparecen en los textos filosóficos de los autores pertenecientes a la tradición analítica. Ahora bien, somos conscientes de que las raíces de una filosofía de la música se encuentran en autores de toda la historia de la filosofía, pasando por la filosofía griega clásica y llegando hasta la Escuela de Frankfurt. Sin perder de vista esta consideración, hemos optado por limitarnos al ámbito de la filosofía analítica contemporánea[3].

Así, acerca del estado de la cuestión en torno al intérprete musical, es Schopenhauer el primer autor que dedica un estudio filosófico a la música entendida como la forma más elevada de expresión artística en *El mundo como voluntad y representación*[4]. Estas reflexiones son importantes para Nietzsche y la tradición continental, aunque en la filosofía analítica de la música esta propuesta ha sido desatendida. Por el contrario, los primeros temas de reflexión en esta tradición se inspiran, por un lado, en la exaltación de la idea de la autoexpresión en el arte –de la unión del concepto kantiano de creación artística y de la idea del genio– que hace el romanticismo y, por otro lado, en la teoría estética kantiana que defendía el juego de imaginación y entendimiento como valor cognitivo del arte. Estos dos modos de entender el arte dan pie al debate entre Jenefer Robinson, como defensor de la expresión musical, y Peter Kivy, quien plantea un formalismo mejorado. Este último es también heredero de la propuesta de Eduard Hanslick, quien en 1854 había planteado que la expresividad fuese el tema central de la estética musical. De igual modo, estos debates asumen el enfoque científico que Edmund Gurney aplica a la estética musical, quien en 1880 publica investigaciones en torno a la acústica, la composición, el ritmo, la melodía y la relación entre sociedad y música[5].

---

[3] Davies, Stephen, «Analytic philosophy», *op. cit.*

[4] Schopenhauer, Arthur, *El mundo como voluntad y representación*, trad. Pilar López de Santa María, Madrid, Trotta, 2002.

[5] Davies, Stephen, «Analytic philosophy», *op. cit.*

Todos estos debates se mantienen durante los años ochenta: sobre la expresión de emociones y la respuesta del oyente destacan Stephen Davies, Peter Kivy, Jerrold Levinson, Geoffrey Madell y Roger Scruton; sobre la experiencia de la música, sobre la comprensión y el valor musical y acerca de la presunción de conocimiento por parte del oyente sobresalen los estudios de Stephen Davies, Mark DeBellis, Jerrold Levinson, Charles O. Nussbaum y Roger Scruton; sobre las conexiones entre música e ideología, Lydia Goehr, Theodore Gracyk, Jenefer Robinson y James O. Young; sobre ontología destacan Theodore Gracyk, Julian Dodd, Peter Kivy, Lydia Goehr, Jerrold Levinson, Stephen Davies; y sobre naturaleza y creatividad son distinguidos los trabajos de Stephen Davies, Stan Godlovitch, Paul Thom y Peter Kivy. No obstante, debemos tener siempre presente que la filosofía analítica cuenta con sesgos que priorizan al oyente, a cierta música de la tradición musical sobre otras, a la música de los siglos XVIII y XIX, a la música instrumental y a la música occidental, sobre otros tipos de obras, estilos y tradiciones interpretativas. Por ello, buena parte de los estudios de estética musical del siglo XXI incorporan nuevas músicas para que esta rama filosófica sea cada vez más exhaustiva[6].

Para esta investigación, de entre todos estos debates, hemos elegido abordar nuestro interrogante desde la interpretación como arte escénico, desde la ontología de las obras musicales y desde la autenticidad como criterio para la interpretación. En conformidad con esta propuesta temática, hemos articulado la estructura del TFG en tres *Capítulos*. En el primero, con el fin de situar al intérprete en su marco de referencia y de delimitar el sentido del término «interpretación» que asumimos a lo largo de la investigación, presentamos diversos análisis acerca del fenómeno de la interpretación en el contexto de la tradición musical occidental, de modo que podamos reunir sus elementos constitutivos o condiciones necesarias y mostrar el carácter creativo de dicha actividad. Una vez caracterizada la situación interpretativa, en el segundo capítulo, queremos conocer el objeto al que se enfrenta el intérprete, la obra musical de sus

---

[6] Davies, Stephen, «Analytic philosophy», *op. cit.*

compositores, que es a la vez la condición de posibilidad de su arte y su principal restricción. Para ello presentamos diversas ontologías de estas obras que condicionan el menor o mayor grado de libertad creativa que pueda atribuirse al intérprete. En el tercer capítulo, dado que las prácticas interpretativas son el resultado de una tradición heredada y esta tiene también sus reclamos, abordamos la autenticidad de la interpretación, un criterio ampliamente extendido en las prácticas interpretativas contemporáneas. Para ello, expondremos dos enfoques, el liberal y el purista, con el fin de evaluar el grado de creatividad y libertad del que dispone el intérprete si pretende lograr una interpretación auténtica, así como considerar su vigencia. Tras desarrollar la investigación en estos tres bloques, en las *Conclusiones* exponemos los resultados obtenidos. Y, por último, como *Bibliografía*, se presentan todas las fuentes empleadas para la elaboración de este texto, tanto primarias como secundarias. Todas las fuentes que han sido citadas en este TFG han seguido el sistema internacional *Chicago*. En cuanto a las citas y referencias en inglés, en los casos en que exista una traducción castellana de los libros citados, se hará referencia a esa edición. En los casos en los que la única edición sea la inglesa, todas las traducciones que aparecen, tanto en el cuerpo del trabajo como en las notas, serán traducciones propias.

Volviendo al marco teórico, ya en relación con nuestros propósitos, la interpretación supone un problema filosófico porque hasta hace muy poco la única vía de la que disponíamos para escuchar música eran las interpretaciones en vivo y, por ello, los análisis filosóficos de la interpretación se circunscriben al marco de las artes escénicas. En este sentido, Stan Godlovitch y Paul Thom defienden que la interpretación, para que sea una actuación, debe estar siempre dirigida a un público. Autores como Stephen Davies consideran necesaria la intención del intérprete de tocar siguiendo las directrices del compositor y la relación causal entre la composición y la interpretación[7].

---

[7] Kania, Andrew y Gracyk, Theodore, «Performances and recordings», en *The Routledge Companion to Philosophy and Music*, eds. Theodore Gracyk y Andrew Kania,

La ontología de las obras musicales es también un fecundo terreno filosófico que se ha desplegado en diversas ramas. Las obras musicales, según Richard Wollheim, Jerrold Levinson, Gregory Currie, Stephen Davies o Julian Dodd, son tipos y sus eventos sonoros, casos; según Nelson Goodman, la obra musical es un conjunto de interpretaciones correctas; asimismo, puede ser una suma mereológica de interpretaciones, tal como defiende Peter Alward; pero también puede ser un objeto no físico *sui generis*, que se relaciona con las interpretaciones, grabaciones o copias de partitura, pero siendo distinto de ellas, como afirma Guy Rohrbaugh. Respecto a la existencia de las obras musicales, unos afirman que existen cuando han sido compuestas, porque dependen de un acto creativo, como Jerrold Levinson y Guy Rohrbaugh, y otros como Julian Dodd o Peter Kivy se adhieren a un enfoque platonista, porque las obras son entidades eternas no espaciotemporales. Respecto a la individuación de las obras musicales a través de los medios instrumentales surgen distintas tendencias: el sonicismo de Peter Kivy o Julian Dodd, el contextualismo de Gregory Currie o el instrumentalismo de Jerrold Levinson y Stephen Davies[8].

Por último, la autenticidad se ha tratado en la filosofía de la música en relación con las obras y en relación con las intenciones personales. En relación con las obras, la autenticidad es interpretar de acuerdo con las instrucciones que el compositor ha especificado, según Stephen Davies, o puede ser solo una opción interpretativa entre muchas, como afirma Paul Thom. Esta autenticidad también está vinculada, según Charles Rosen, a la búsqueda de un sonido original. En este sentido, Peter Kivy distingue entre autenticidad sónica (el sonido real) o autenticidad sensible (la experiencia que tuvo el oyente en el pasado). En relación con la autenticidad personal, según Kivy, esta consiste en lograr

---

Oxford, Routledge, 2011, pp. 80-90.

[8] Matheson, Carl y Caplan, Ben, «Ontology», *The Routledge Companion to Philosophy and Music*, eds. Theodore Gracyk y Andrew Kania, Oxford, Routledge, 2011, pp. 38-47.

un estilo personal y original, y no en expresar los sentimientos genuinos del intérprete[9].

Dado estos antecedentes, para resolver el interrogante de investigación que da sentido a esta exposición, que es delinear el perfil artístico del intérprete en la tradición musical occidental y su vigencia, nos proponemos responder a los siguientes objetivos específicos: establecer los elementos constitutivos de la interpretación musical; determinar qué ontologías de la obra musical son coherentes con una concepción del intérprete como artista; y determinar cómo condiciona la libertad creativa del interprete el criterio de autenticidad.

En cuanto a la metodología empleada, hemos llevado a cabo una revisión bibliográfica de los textos y autores más representativos de cada debate según el itinerario expuesto anteriormente, de los cuales destacamos *Musical works and performances* de Stephen Davies, *Musical performance: a philosophical study* de Stan Godlovitch, *Authenticities: Philosophical reflections on musical performances* de Peter Kivy, *Music, art, and metaphysics* de Jerrold Levinson y *For an audience: a philosophy of the performing arts* de Paul Thom. Si atendemos al estado de la cuestión expuesto unas líneas más arriba y a la fecha de publicación de estas obras, estas constituyen los primeros estudios filosóficos sistemáticos sobre música e interpretación y sus temas específicos, de los que nos ocupamos en este trabajo. No obstante, no ignoramos que muchas de las cuestiones aquí desarrolladas puedan haber encontrado formulaciones más precisas en la filosofía analítica del siglo XXI.

---

[9] Thom, Paul, «Authentic performance practice», en *The Routledge Companion to Philosophy and Music*, eds. Theodore Gracyk y Andrew Kania, Oxford, Routledge, 2011, pp. 91-100.

1. LA INTERPRETACIÓN MUSICAL

En este capítulo presentamos algunas caracterizaciones de la interpretación musical con el fin de delimitar el contexto en el que el intérprete desarrolla su actividad. Se trata, excepcionalmente, de una exposición fragmentaria en la que, por un lado, veremos qué componentes debe reunir una interpretación musical, a través del modelo de interpretación de Stan Godlovitch, y qué condiciones necesarias deben darse para que la interpretación adquiera el estatus de arte escénico, a través del análisis de Stephen Davies. Por otro lado, mostraremos cómo puede ser creativa la interpretación musical, tanto desde la tradición de las prácticas interpretativas y su vínculo con la notación musical, como sucede en la analogía que establece Peter Kivy entre interpretación y composición, como desde el planteamiento de Paul Thom, según el cual la interpretación musical es una forma de dar sentido al acto comunicativo entre compositor o intérprete y oyente, como sucede en otras formas de interpretación. Al final, reuniremos los rasgos que nos permitan definir la interpretación musical de obras de sus compositores como una actividad que deja libertad creativa a sus intérpretes.

1.1. Los componentes de la interpretación musical

Comenzamos presentando la propuesta de Stan Godlovitch, quien, en *Musical performance*, ofrece un modelo en el que recoge aspectos de la interpretación que en nuestra experiencia musical común resultan intuitivos. He aquí una definición inicial: «La interpretación musical es la aparición de eventos sonoros –eventos musicales– que producen los músicos para sus oyentes»[10]; o, formulado de manera analítica, «son casos (*token*) de ciertos universales o tipos (*type*), que son las obras musicales»[11]. En esta está presente la común concepción de la música como arte escénico (*performing art*), en cuanto que a partir de una determinada interpretación, la materialidad y sentido de la música aparece cuando el sonido se hace público.

En este modelo, el autor señala cuatro componentes de la interpretación, a saber: el sonido, los agentes, las obras y los oyentes. El *sonido* constituye la interpretación, pero no se reduce a ella, puesto que para identificar una interpretación se necesita de algo más que las propiedades acústicas de una secuencia de sonidos temporalmente delimitados. Precisamente porque la interpretación es un evento que se distingue de un objeto físico –que es independiente de su creador, como una pintura–, la interpretación necesita que la fuente generadora de sonido (causa), el intérprete, no cese su actividad hasta finalizarla; de lo contrario, esta dejaría de suceder[12].

Por lo tanto, los *agentes*, es decir, los intérpretes, son otro de los componentes fundamentales. La interpretación es evaluable en cuanto a la distinción u originalidad que pueda aportar cada individuo, que busca lo inesperado y la variedad, aspectos que caracterizan una actuación creativa. Por eso, la interpretación es intencional, no involuntaria o accidental, ya que el intérprete considera su contexto para producir un sonido que logre o supere ciertos estándares de competencia. Aunque siempre puedan darse circunstancias que frustren este plan de tal modo que sorprenda negativa o positivamente, las intenciones deben ser lo suficientemente precisas para regular la producción de sonido y han de actuar, a la vez, como una guía normativa que informa al ejecutante acerca del grado de éxito de su actuación. Esta toma de decisión es

---

[10] Godlovitch, Stan, *Musical performance: A philosophical study*, London, Routledge, 1998, p. 11.

[11] *Ibid.*, p. 11.

[12] *Ibid.*, p. 14.

personal porque es el artista el que crea y satisface estos estándares que, no obstante, están sujetos a la habilidad, a la tradición y a la obra[13]. La habilidad, por su parte, hace que la relación entre las intenciones interpretativas y la producción de sonido no sea azarosa, porque implica control sobre las propias acciones y sobre el instrumento. El objetivo de adquirir esta habilidad es poder producir el sonido que el intérprete se proponga en cualquier momento; no obstante, aunque proporcione un alto grado de confiabilidad, esta destreza nunca es infalible[14]. Esto es así porque la habilidad siempre supone retos, dadas nuestras limitaciones motrices; sin embargo, estos retos son relativos a un contexto, ya que dependen de cómo de sofisticado sea el plan intencionado que ha elaborado el intérprete.

El tercer componente es la *obra*, que ha sido creada, comúnmente, por alguien distinto del intérprete. Stan Godlovitch se adhiere a la tesis que considera las interpretaciones como casos (*token*) de las obras musicales independientes (*type*). En palabras del autor: «La interpretación de una obra es una secuencia de sonidos causada intencionalmente que constituye una instancia o ejemplar de alguna obra musical»[15]. De esta definición extrae dos consecuencias. La primera de ellas es que interpretar una obra conlleva necesariamente la intención de interpretarla; la segunda es que, si estas obras son independientes de los intérpretes y tienen por sí mismas una serie de propiedades, entonces la interpretación requiere no solo de las decisiones que tome el intérprete a partir de la partitura, como principal restricción, sino también de las convenciones interpretativas que circundan la obra.

En efecto, el intérprete elabora un plan intencionado que está sujeto a la tradición. Es en esta tradición interpretativa en la que están condensadas todas las convenciones que se consideran esenciales para respetar la naturaleza de cada obra. No obstante, estas se van modificando

---

[13] *Ibid.*, p. 16-17.
[14] *Ibid.*, p. 18.
[15] *Ibid.*, p. 30.

con el tiempo, variando a su vez los límites cambiantes de las obras y sus propiedades. Stan Godlovitch llama modelo de restricciones (*constraint-model*) al modelo de interpretación que excede la información contenida en las obras escritas y en las interpretaciones individuales en cuanto opciones interpretativas. Gracias a este modelo una interpretación dada puede considerarse una adecuada interpretación en la medida en que se ajusta a esas restricciones colectivas conservadas en la tradición. Su contenido específico no es fácil de determinar, puesto que las diversas ejecuciones que podamos analizar cronológicamente muestran distintas propiedades, dependiendo de en qué tradición interpretativa haya surgido. Por lo tanto, el modelo de restricciones, transmitido a través de la pedagogía, es un traductor normativo que permite convertir la partitura escrita en una interpretación aceptable. De modo que interpretar es trascender la mera lectura mecánica.

El último de los cuatro componentes es el *oyente,* por el cual toda interpretación siempre tiene que estar dirigida a un público; de no ser así, la ocasión de la interpretación, como ritual de exposición, desaparece[16]. Por lo tanto, para interpretar se necesitan un concertista y un oyente, y que estos sean distintos. E, incluso, para aquellos que asemejan la interpretación a un acto comunicativo, el intérprete siempre debe trabajar sus intenciones interpretativas en relación con una audiencia, para transformarla e intervenir en su respuesta, en sus sentimientos, sin estar el intérprete mismo bajo el estado de esos sentimientos. Por ello, Stan Godlovitch observa una asimetría entre intérprete y oyente en cuanto a la escucha, puesto que la interpretación siempre está sometida al juicio de la audiencia que, gracias a la «atención concentrada activa»[17], espera satisfacer sus estándares. De este modo, los oyentes tienen un rol central en la interpretación aportando significado y sentido a la actividad musical.

---

[16] *Ibid.*, p. 41.
[17] *Ibid.*, p. 44.

1.2. Las condiciones necesarias de la interpretación musical

A continuación, exponemos el análisis que Stephen Davies hace en *Musical Works and Performances* acerca de la interpretación musical en vivo, a partir del cual establece las condiciones necesarias de la interpretación[18]. En primer lugar, la *correspondencia* es la condición para que las obras puedan comunicarse gracias a las directrices que proporcionan las partituras y que deben seguir sus intérpretes; mientras algunas de estas directrices cuentan como especificaciones determinantes, otras son meras recomendaciones. En cualquier caso, e independientemente del concepto de obra musical que se defienda, la interpretación debe capturar lo constitutivo de la obra. Siendo esto así, aunque la condición de correspondencia se cumpla, la obra no necesariamente suena de la misma manera, porque la obra escrita es más estrecha (o tiene menos cuerpo) que sus interpretaciones, que las excede. Así, con este argumento se puede afirmar que la interpretación es un arte con derecho propio y también es posible justificar que dos interpretaciones de una misma obra puedan sonar diferentes aun siguiendo las mismas instrucciones del compositor. Por ello, si la interpretación no cumple las intenciones del autor, esta fracasa. Ahora bien, la exigencia de logro o cumplimiento admite grados: para Stephen Davies se puede interpretar una obra no siguiendo algunas directrices y aun así seguir identificando la obra y aceptar la ejecución como válida. No obstante, esta flexibilidad es la que nos permite distinguir entre una buena o una mala interpretación[19]. En este sentido, el rol del oyente es fundamental, porque tiene la capacidad para reconocer errores y reconstruir en su experiencia lo que debería haber sonado, conservando así la identidad de la obra. Por esta razón no podemos ignorar la experiencia del oyente[20].

---

[18] Davies admite que existen otras subclases de interpretaciones: las improvisaciones y las interpretaciones de estudio.

[19] Davies, Stephen, *Musical works and performances*, Oxford, Clarendon Press, 2001, pp. 152-153.

[20] *Ibid.*, p. 157.

La interpretación exige que el intérprete aplique las reglas de manera intencional al conjunto de instrucciones que el compositor refleja en la partitura. Pero estas instrucciones deben ser leídas desde unas convenciones y prácticas interpretativas concretas, debe contextualizarse. Es decir, aunque el intérprete debe realizar los motivos, los acordes y las melodías, que son los elementos estructurales de orden superior, y debe tener en cuenta el tempo, la expresividad y la ornamentación, de orden inferior, el intérprete actúa con libertad dentro de los límites establecidos por el compositor y a partir del conocimiento del contexto histórico-social concreto y de las prácticas interpretativas de cada época, que constituyen la identidad de la obra[21]. Esta es la razón por la que, según Stephen Davies, la partitura es prescriptiva y la interpretación una actividad intencional. En resumen, el autor entiende que el criterio de correspondencia es flexible y defiende una teoría intensional de la interpretación (por oposición a la extensional)[22]. Por ello, otra de las condiciones necesarias es la *intención* del intérprete. En palabras del autor: «[…] las obras son publicadas a través de instrucciones generadas por sus compositores y estas son interpretadas solo cuando, siguiendo estas instrucciones, se logra la correspondencia»[23].

Por último, destaca la *conexión causal* que va desde el sonido producido hasta las acciones e intenciones del intérprete, de estas a la partitura y, a través de precisos procesos de copia, a la partitura escrita por su compositor. Por lo tanto, la correspondencia depende de esta íntima conexión entre ellas. Esta condición refuerza la idea de que el error forme parte de una interpretación válida, porque tanto las notas falsas como las acertadas se dan en conexión causal con los actos de creación por parte del compositor[24].

---

[21] *Ibid.*, p. 159.
[22] *Ibid.*, p. 161.
[23] *Ibid.*, p. 163.
[24] *Ibid.*, p. 167.

En un texto posterior a *Musical Works and Performances,* Davies añade que toda interpretación comienza siempre con la *situación* de una
obra a partir de un conocimiento y experiencia adquiridos (cómo tocar
el instrumento, la afinación, etc.) y de las instrucciones explicitadas en
la partitura por su compositor (empleo de la sordina, tocar en una parte
determinada del instrumento, etc.)[25]. Este conocimiento no obliga a
interpretar una obra de manera única, pero resulta necesario como punto de partida para poder justificar el plan intencionado del intérprete.
Gracias a este situar inicial, el intérprete considera las convenciones que
tuvo en cuenta el compositor (empleo de alteraciones, significado de
las alteraciones), así como las convenciones de la práctica interpretativa
de la época (las repeticiones, los ritmos o las cadencias), que permiten
descifrar adecuadamente el texto musical[26]. Por lo tanto, no se trata de
llevar a cabo una lectura literal del texto (según la práctica interpretativa
contemporánea), sino de entender que algunas indicaciones son recomendaciones que otorgan cierta libertad al intérprete.

En la definición de Davies, «la interpretación-ejecución de una obra
O es la visión expresiva y estructural global de O que emerge de la ejecución completa de O»[27]. De aquí se extrae que una interpretación es
susceptible de ser presentada en diversas ocasiones. Estas ocasiones son
tipos de ejecución que se manifiestan en diversos *casos o ejemplares*, pero,
del mismo modo, pueden darse diversas interpretaciones de una misma obra en distintas ocasiones. Por lo tanto, a toda ejecución precede
siempre una interpretación, sea esta acertada o no, que no siempre es
manifiesta, dada la emergencia de detalles inintencionados en el marco

---

[25] Davies, Stephen, *Cómo entender una obra musical y otros ensayos de filosofía de la
música*, trad. Rodrigo Guijarro Lasheras, Madrid, Cátedra, 2017, p. 169. En el texto
original, Davies utiliza el término «performance». En la traducción castellana de esta
obra se ha traducido por «interpretación-ejecución». Sin embargo, con la finalidad
de mantener la coherencia terminológica en este trabajo, continuaré empleando el
término «interpretación», como traducción de «performance».

[26] *Ibid.*, p. 170.

[27] *Ibid.*, p. 175.

de las artes escénicas. Esto sucede porque la interpretación, que es siempre intencional, no siempre lo es al máximo nivel.

Stephen Davies identifica tres modelos de interpretación –cita, expresión de sí y traducción– en los que el intérprete se expresa con menor o mayor libertad en aras de ser más o menos fiel a las intenciones del compositor. En cualquiera de ellos el intérprete es un mediador entre el compositor y la audiencia, y es necesario que el intérprete previamente haya hecho una interpretación de la obra musical para poder presentarla. Sin embargo, el cómo llevarla a cabo queda indeterminado, porque la complejidad de la ejecución excede la capacidad de representación de la notación musical[28]. En palabras del autor:

> Puesto que solo las ejecuciones de una obra pueden encarnar o presentar dicha obra, sus presentaciones poseen siempre de forma inevitable, una riqueza que la obra como tal no posee. […] estas están llenas de una sensual opulencia que impregna todo lo que pueda percibirse de forma inmediata a través de los sentidos. Por su parte, la ejecución, para ser lo que es, depende de forma crucial de la obra de la que es ejecución. El intento de ejecutar una obra falla como ejecución si no presenta de forma reconocible la obra que pretende ejecutar[29].

Esto quiere decir que los compositores confían al talento del intérprete una creatividad que no es posible determinar en la partitura, de modo que el intérprete da vida a la obra haciéndola sonar. Por otro lado, la audiencia es consciente de la importancia del intérprete para acercarse a las obras, tanto que a veces consideramos «obras de arte» a ejecuciones concretas de obras y que consideramos artistas a los mejores intérpretes[30].

---

[28] *Ibid.*, p. 179.
[29] *Ibid.*, p. 179.
[30] *Ibid.*, pp. 180-182.

1.3. La interpretación musical como composición musical

Peter Kivy acota su estudio acerca de la interpretación musical a las obras musicales de compositores. Dada la constitución de estas, la conformidad o ajuste de dicha interpretación a la partitura es la condición necesaria fundamental para que se hable de interpretación de una obra musical y, en este sentido, es compatible con cualquier forma de ontología de la obra musical. Según el autor: «el examen de lo que es una interpretación musical comienza con una mínima definición de ella, a saber, la conformidad con la partitura [...]»[31]. A partir de aquí, dos son las cuestiones a las que habrá de responder: la primera, qué es esa «cosa» conforme a algo que llamamos interpretación musical; la segunda, si la interpretación musical requiere de algo más que la mera la conformidad con la partitura.

Respecto a la primera cuestión, por un lado, la interpretación musical es la producción de un objeto sonoro siguiendo las instrucciones anotadas en la partitura[32]. Para el intérprete supondría simplemente tocar las notas tal y como están escritas, de modo que añadir o suprimir algo sería no cumplir con dichas instrucciones y no interpretar conforme a la partitura. Ahora bien, si se limitara exclusivamente a eso, la interpretación sería poco musical o incompleta, por lo que el buen intérprete debe añadir algo más a lo escrito. Por otro lado, el tipo de notación musical condiciona el significado de «tocar simplemente las notas tal y como están escritas». La conformidad con la partitura depende de si estamos ante la partitura de un canto medieval, un bajo cifrado o una partitura con notación actual, ya que la notación existe en el marco de una práctica musical concreta, lo que exige su contextualización.[33] Esto quiere decir que una partitura medieval nos puede resultar ambigua e imprecisa si la interpretamos desde nuestra propia práctica musical y no

---

[31] Kivy, Peter, *Themes in philosophy of music*, Oxford, Clarendon Press, 2002, p. 224.
[32] *Ibid.*, p. 226.
[33] *Ibid.*, p. 228.

desde la que formaba parte, en la que la memoria desempeñaba un rol fundamental. Igualmente, ante una partitura de Bach escrita con bajo cifrado, las notas que el intérprete debía tocar estaban determinadas en la medida en que se ajustaran al cifrado, pero no era absolutamente preciso. De hecho, esas instrucciones ordenaban un grado de libertad que era propio al sistema de notación de Bach y que no es propio de la escritura del siglo XIX[34].

Con independencia de los casos concretos mencionados, ambos tipos de notación determinaban plenamente la conformidad con la partitura, al igual que lo hace hoy la nuestra, puesto que se asumía que el intérprete actuaba en el momento en que esa notación estaba vigente y dentro de un contexto de la práctica musical[35]. Es más, si hoy tocáramos una edición realizada de un bajo cifrado de una obra de Bach, no habría conformidad con la partitura, porque un bajo cifrado requiere de la improvisación a partir de esa notación, lo que confiere un carácter de espontaneidad y variedad que no obtendríamos en las interpretaciones de la edición moderna[36].

Por lo tanto, respecto a la segunda cuestión, el autor parte de la común observación de que los intérpretes musicales son «artistas» y, por ende, sus interpretaciones son también obras de arte: obras musicales. Ahora bien, la dificultad radica en que el intérprete interpreta obras compuestas por otro artista, es decir, su compositor. Aunque no parece posible que surja una nueva obra, es justamente lo que sucede dado que, como ocurre en el ejemplo del bajo cifrado, el intérprete introduce notas que no estaban determinadas en la partitura y el resultado siempre será diferente al que pueda producir otro intérprete, cada uno mostrando un estilo propio[37]. De manera que podría decirse que a partir de dos interpretaciones distintas se han generado dos versiones diferentes,

---

[34] *Ibid.*, p. 232.
[35] *Ibid.*, p. 229.
[36] *Ibid.*, p. 234.
[37] *Ibid.*, p. 235.

como cuando un compositor, a partir de una obra, genera una versión para otra agrupación, produciendo un efecto sonoro muy diferente. Este es el caso de los arreglos o transcripciones, y dada la laboriosidad de la tarea del arreglista, el resultado de su trabajo son obras de arte[38].

Por lo tanto, Peter Kivy defiende que el instrumentista es similar al arreglista y lo que produce es similar a un arreglo, y puesto que el arreglo es una rama de la composición, son similares, aunque no idénticos, a los compositores. Esta conclusión puede resultar algo inadecuada para el caso de la notación moderna, sin embargo, este «tocar las notas tal y como están escritas, ni más ni menos» requiere de un amplio grado de libertad en el cómo seguir dichas indicaciones[39]. De ahí que podamos diferenciar los estilos interpretativos que presentan distintos intérpretes y ello es una muestra de que, a pesar de que no es tan obvio como en el caso de las realizaciones del bajo cifrado, diferentes intérpretes generan distintas notas[40]. Como parte del contrato entre compositor e intérprete, aquel espera que este sea un artista de pleno derecho. Este contrato obliga al intérprete a tocar lo que el compositor ha escrito, pero empleando su habilidad en cuanto a la forma de interpretar lo determinado por el compositor. Esto enfatiza que ser un artista y no un mero intermediario no es una opción, sino una obligación. Asimismo, cambia la común concepción de la interpretación como una actividad en la que estamos obligados a obedecer por una en la que el intérprete goza de libertad. En ello reside la interpretación musical como arte[41].

---

[38] *Ibid.*, p. 236.
[39] *Ibid.*, p. 237.
[40] *Ibid.*, p. 238.
[41] *Ibid.*, p. 239.

1.4. La creatividad de la interpretación musical como fuente de sentido

Veamos ahora la contribución de Paul Thom, quien trata el concepto de interpretación musical en «The interpretation of music in performance» a partir de dos posiciones filosóficas encontradas[42]. En el lado positivo, Peter Kivy defiende que una de las formas de la interpretación musical consiste en llevar a cabo una interpretación performativa de una obra, es decir, en representar, no en declarar[43]. Esto quiere decir que la interpretación declarativa (la que haríamos sobre un texto escrito) *declara* y la interpretación musical (la que haríamos de una obra musical ante un público) *muestra*. Ahora bien, es evidente que ambos casos *informan de cómo va algo* y, en este sentido, hay una identidad entre los dos tipos de interpretación. En el lado negativo, George Dickie[44], aunque reconoce el uso común del término interpretación musical para referirse a la actividad de los intérpretes, defiende que esa actividad no es idéntica a como se aplica a los casos en que se declaran oraciones asertivas, de modo que la interpretación musical nada tendría que ver con la declaración de significado; en la misma línea Robert Stecker[45] defiende que la interpretación, no aplicada a la música, es en esencia un acto declarativo.

Paul Thom se muestra crítico con ambas tesis: la positiva y la negativa. Por un lado, si la interpretación se fundara simplemente en el hecho de que nos dice cómo va algo, entonces la mera transmisión de infor-

---

[42] Thom, Paul, «The interpretation of music in performance», *British Journal of Aesthetics,* 45/2, 2003, p. 126. En este apartado se traduce «musical performance» como «interpretación musical»; «performative interpretation» como «interpretación performativa»; «interpretation» como «interpretación».

[43] Véase Kivy, Peter, *Authenticities: Philosophical reflections on musical performances,* Ithaca, Cornell University Press, 1995.

[44] Véase Dickie, George, «Definition of "Art" », in *A companion to Aesthetics,* ed. David E. Cooper, Oxford, Blackwell, 1992.

[45] Véase Stecker, Robert, *Artworks: definitions, meanings, value,* Philadelphia, The Pennsylvania State University Press., 1997.

mación sería ya una interpretación. Pero cuando interpretamos no solo queremos saber cómo va algo, sino también qué significa –podríamos memorizar la secuencia de sonidos de una obra (cómo va), sin formarnos una interpretación de ella–. Por otro lado, si afirmáramos que algo que no sea una declaración de significado no es una interpretación, sino algo completamente diferente, estaríamos negando posibilidades a la interpretación performativa. Recogiendo el testigo de Stecker, quien defiende que las interpretaciones críticas de obras de arte son una forma de interpretación y un subconjunto de las interpretaciones declarativas, Thom formula la hipótesis por la cual si se pudiera aducir que las interpretaciones musicales proporcionan significado a aquello que se interpreta, entonces la interpretación tal como la entiende Stecker, como tipo declarativo, podría aplicarse a la interpretación musical[46].

Ahora bien, el autor se cuestiona qué aspectos de la actuación pueden formar parte de la interpretación performativa (extensión) y qué hace que esos elementos constituyan una interpretación (intensión). En primer lugar, rechaza el análisis de la interpretación performativa que propone la Teoría de los residuos[47] que, según él mismo, es la que defendería Stephen Davies, por la cual lo interpretativo de una interpretación musical es todo aquello que, como una forma de residuo, no está contenido en el material que se interpreta. Según Paul Thom, esto no ofrece respuesta al problema intensional, es decir, no puede dar cuenta de que la interpretación performativa encarne una *interpretación* ni puede explicarnos por qué o cómo valoramos una interpretación performativa. De modo que el concepto de interpretación que se sigue de esta idea no pone en común la interpretación performativa con otras formas de interpretación. En cuanto a la extensión, es indudable que las acciones que dan lugar a una interpretación performativa no están absolutamente determinadas por el material que se interpreta, pero eso no quiere decir que lo interpretativo es todo aquello que no está incluido

---

[46] Thom, Paul, «The interpretation of music in performance», *op. cit*, p. 127.
[47] *Ibid.*, p. 130.

en el material para la interpretación, sino que hay características que no están impuestas ni por el material ni forman parte de la interpretación performativa[48].

Según Paul Thom, si el contenido de la interpretación performativa es algo que trasciende a lo indicado en el material, este debe ser lo que constituye su riqueza, su unicidad, es decir, aquello que no puede especificarse y que puede ser exclusivo de un intérprete concreto, como el timbre de una voz[49]. Por lo tanto, si la característica más importante de la interpretación es dar sentido a lo que se interpreta representándolo entre los límites de un sistema de significación, este autor se propone buscar en la interpretación performativa esos elementos que puedan dar sentido a la obra o materiales interpretados, no en relación con entidades extramusicales, sino en virtud de cualidades que estas mismas poseen. Estos elementos no deben estar ni en la obra ni en los materiales, sino que deben ser un subconjunto de los elementos performativos[50], que puedan vincular la interpretación performativa con la interpretación como forma de dar sentido.

Paul Thom sigue a Roger Session[51], quien afirma que la interpretación debe ser fiel al material que se interpreta a la vez que debe estar informada por la personalidad, elocuencia o convicción. Es decir, una interpretación debe mostrar fidelidad y, a la vez, creatividad. Esta es definida mediante tres metáforas: el actor, que aporta personalidad; la retórica, que aporta elocuencia y convicción; la biología, que proporciona vitalidad y energía. Del lenguaje teatral, la interpretación musical exige que los intérpretes tengan «presencia y carácter», y de una pieza musical decimos que tiene potencial expresivo o identidad narrativa. Esto nos lleva a pensar en el músico como un actor que adopta un per-

---

[48] *Ibid.*, p. 131.
[49] *Ibid.*, p. 132. Este tema es tratado en profundidad en Thom, Paul, *Making Sense: A Theory of Interpretation*, Lanham, Rowman & Littlefield, 2000.
[50] Thom, Paul, «The interpretation of music in performance», *op. cit.*, p. 134.
[51] Véase Sessions, Roger, *The musical experience of composer, performer, listener*, Princeton, Princeton University Press, 1950.

sonaje. Del lenguaje retórico, reconocemos «pausas», «clímax», o «diálogos» que forman parte de la interpretación musical. Del lenguaje de la biología, la vitalidad está vinculada a la interpretación en vivo, que tiene un valor especial. En efecto, Hegel, añade Thom, consideraba que la vitalidad de una interpretación en vivo tenía que ver con la materia desde la que surge la propia interpretación, esto es, toda la humanidad del intérprete gracias a la cual la obra interpretada cobra vida[52].

Por lo tanto, según Paul Thom, si esas metáforas tienen significado y valor, cuando las aplicamos a la interpretación, esta adquiere significado y valor, pero, además, para que una interpretación musical sea una interpretación performativa, tiene que estar proyectada por los intérpretes en su actuación, no basta con que se quede en la mente del intérprete o sea la declaración de un crítico. En este sentido, para que ese significado forme parte de la interpretación performativa, debe integrarlo junto al resto de aspectos de la obra interpretada. En palabras del autor:

> Así que lo máximo que podemos decir es que aplicar las metáforas del actor, del orador y de la vida misma –o, de hecho, cualquier otra metáfora cargada de significado– a la interpretación de la música es *potencialmente* categorizar esa performance como interpretativa; pero si ese potencial es actualizado, las demás condiciones de proyección e integración deben cumplirse[53].

En resumen, a lo largo de este capítulo hemos profundizado en el concepto de interpretación musical a través de diversos estudios que delimitan su investigación a la tradición clásica occidental, que surge en el siglo XVII y que llega hasta nuestros días. En esta, la música se identifica con la obra musical de un compositor, que hace pública a través de

---

[52] Thom, Paul, «The interpretation of music in performance», *op. cit.* pp. 136-137. Véase Hegel, G. W. F, *Filosofía del arte o estética (verano de 1826)*, trad. Domingo Hernández Sánchez, Madrid, Abada, 2006.
[53] *Ibid.*, p. 137.

una partitura, esto es, el texto musical donde explicita sus intenciones interpretativas.

Por un lado, parece incuestionable que para hablar de interpretación musical debemos aceptar la exigencia de correspondencia o conformidad de la interpretación con las instrucciones explicitadas en la partitura, por la cual la obra adquiere su identidad. Esta correspondencia obliga a cumplir con las intenciones interpretativas del compositor para con su obra, pero se trata de un criterio flexible debido a que la interpretación musical, como acontecimiento sonoro, siempre excede a lo indicado en la partitura y numerosos aspectos quedan indeterminados. Es en esta indeterminación donde reside la intención del intérprete, otro de los elementos fundamentales que confiere a este cierto grado de libertad para decidir acerca de cómo llevar a cabo su plan interpretativo. Este plan intencionado debe ajustarse a la experiencia y conocimiento previos, tanto en lo relativo a la habilidad del intérprete, como en lo relativo a la tradición musical y a las prácticas interpretativas y sistemas de notación de cada época. Es aquí donde reside la creatividad de su labor, puesto que para dar vida a la obra debe tomar numerosas decisiones interpretativas a la luz de todo ese conocimiento. En este sentido, resulta original la analogía que establece Kivy entre la interpretación y la composición musical. Por último, no debemos ignorar otro de los elementos constitutivos: el público, es decir, el oyente. Puesto que la interpretación musical pertenece al ámbito de las artes escénicas, el hecho musical surge como un evento cuando acontece en un contexto ritual, donde el intérprete, en un acto comunicativo, actúa frente a una audiencia y materializa la obra musical al convertirla en un sonido públicamente accesible. En este sentido, destaca la conexión causal que vincula la composición de la obra musical con la experiencia última del oyente.

Por otro lado, en otro orden de cosas, la interpretación se relaciona en estas teorías con la distinción *tipo-caso*. Si para Godlovitch y Kivy la interpretación es un caso o ejemplar de la obra musical como tipo, para Davies una interpretación puede convertirse en un tipo de ejecución (o interpretación) que puede tener lugar en distintas ocasiones como casos o ejemplares de dicha interpretación. Y, finalmente, si queremos admitir que la interpretación musical es un modo de dar sentido al material musical, destaca el intento de Thom por vincular la interpretación performativa o musical con la interpretación como declaración de oraciones asertivas, que proporciona un sentido o significado a lo que se interpreta. Manteniendo el equilibrio entre fidelidad y creatividad, propone aplicar un conjunto de metáforas propias del lenguaje teatral, retórico y biológico a la interpretación performativa, de manera que los valores de elocuencia, personalidad y convicción podrían atribuirse también a ella, adquiriendo el estatus legítimo de interpretación.

Tras haber establecido los puntos cardinales del concepto de interpretación musical, el segundo momento de nuestro estudio nos dirige hacia la consideración del objeto de interpretación: las obras musicales.

2. ONTOLOGÍA DE LAS OBRAS MUSICALES

En el capítulo anterior hemos podido darnos cuenta de que el concepto de interpretación musical no es unívoco. Sin embargo, todas sus conceptualizaciones asumen que la interpretación se hace a partir de obras musicales de sus compositores y que son transmitidas a través de partituras. Tomando como referencia la doble distinción hecha por Stephen Davies entre universalistas y particularistas[54], y la realizada por Lydia Goehr entre nominalistas y platonistas[55], en este segundo capítulo presentamos una nueva clasificación propia en tres grupos acerca de la naturaleza de las obras musicales: nominalismo, universalismo y particularismo. Con ello podremos observar que diversas concepciones presentan la obra musical con grados variables de determinación. Asimismo, unas hacen hincapié en su vínculo con el acto tanto compositivo como interpretativo –lo que lleva a concebir la obra musical siempre en relación con un contexto– mientras que otras permanecen en un plano puramente teórico. Veremos cómo estas ontologías repercuten en el margen de elaboración y creatividad que tiene el intérprete a la hora de presentar una obra y concluiremos determinando qué teoría propicia una lectura del intérprete como artista.

2.1. Nominalismo

Nelson Goodman se sitúa en la corriente nominalista de la filosofía analítica. En el intento por evitar entidades metafísicas en su teoría

---

[54] Véase Davies, Stephen, *Musical works and performances, op. cit.*
[55] Véase Goehr, Lydia, *El museo imaginario de las obras musicales, op.cit.*

estética, entiende que la partitura define la obra musical y, a la vez, permite distinguir qué interpretaciones cuentan como interpretaciones de la obra. Esta relación entre interpretación y obra a partir de la partitura no es una mera prueba de correspondencia, sino que debe darse desde un punto de vista teórico. En palabras de Goodman: «Lo que se requiere es que todas las interpretaciones se subordinen a la partitura, y solo estas, sean interpretaciones de la obra»[56].

Esta relación entre partitura e interpretación siempre obliga a que esta se subordine a aquella, de manera que todas estas interpretaciones serán siempre de la misma obra y todas las copias de las partituras definirán siempre la misma interpretación. De no ser así, no sería posible identificar dos interpretaciones de una misma obra. Por ello, la partitura debe determinar de manera única la clase de interpretaciones que se corresponde con la obra[57]. En este sentido, para Goodman, la interpretación se subordina a la partitura, y los conjuntos o clases de estos subordinados, o cumplimientos de la partitura, son las obras[58]. En palabras del autor:

> La identidad de la obra y de la partitura se preserva a lo largo de una serie de pasos, cada uno de ellos dado desde la interpretación subordinada a la inscripción de la partitura, o desde la inscripción de la partitura a la interpretación subordinada, o desde una inscripción de la partitura a una copia verdadera de ella. Solo si el lenguaje en que se escribe una partitura es notacional […] tenemos la garantía de que se preserva la identidad de la obra y de la partitura[59].

La consecuencia es que, si el requisito para lograr un ejemplo de la obra es el cumplimiento de la partitura, la peor interpretación sin errores será un mejor ejemplo de la obra que una interpretación que

---

[56] Goodman, Nelson, *Los lenguajes del arte: Aproximación a la teoría de los símbolos*, trad. Jem Cabanes, Barcelona, Paidós, 2010, p. 124.

[57] *Ibid.*, p. 125.

[58] *Ibid.*, p. 162.

[59] *Ibid.*, p. 166.

contenga un solo error, ya que una pequeña desviación podría hacer perder la identidad de la obra y la partitura, y se pasaría fácilmente de una obra a otra. Y aunque la partitura puede dejar algunos aspectos sin determinar, es un requisito categórico subordinar la interpretación a todas esas especificaciones[60]. En la interpretación de Davies, esta teoría tiene la ventaja de que evita hablar de universales y particulares, porque la obra es la clase de sus interpretaciones, que debe cumplir con las especificaciones de la partitura. Pero esto tiene consecuencias contra-intuitivas. Una de ellas es que una obra no interpretada podría ser la misma obra, otra es que una obra está continuamente en crecimiento[61]. Además, resulta poco convincente por la exigencia de cumplimiento de la partitura para que algo sea considerado una interpretación y por la exclusión de cuestiones históricas o prácticas.

De modo similar, Peter Kivy considera que esta teoría permite a Goodman eludir entidades misteriosas al definir la obra musical de la siguiente manera: «Los cumplimientos de la partitura son interpretaciones y la clase de cumplimientos es la obra»[62]. Según Kivy, el concepto «clase de cumplimiento» es un término problemático, porque si una clase es un grupo específico conforme a una regla, para Goodman la «clase de todos los ejemplares conforme a una partitura» de la *Quinta sinfonía* son todas las *interpretaciones* de dicha obra, y ello incluye todas las pasadas presentes y futuras. Así, la obra dejaría de ser un objeto misterioso, no físico, pero se vuelve inconmensurable, porque incorpora ejemplares desconocidos o incluso aún inexistentes. Además, se asumen los atributos propios de las interpretaciones como atributos de las obras.

Thom, por su parte, observa que esta teoría conduce a absurdos como, por ejemplo, que en los casos en que no existieran interpretaciones de una obra, que alguien compusiera una obra o que un estudiante se enfrentara por primera vez a una obra nunca interpretada, en todos

---

[60] *Ibid.*, p. 175.
[61] Davies, Stephen, *Musical works and performances, op. cit.*, pp. 40-41.
[62] Kivy, Peter, *Themes in philosophy of music, op. cit.*, p. 206.

esos casos estaríamos ante un conjunto vacío[63]. Y esto sería claramente una contradicción.

Hasta aquí podríamos decir que el nominalismo de Goodman aplicado a su ontología de las obras musicales despersonaliza la interpretación, no tanto por la exigencia de subordinación de la interpretación a la partitura, sino porque su teoría se despliega en un plano puramente teórico y no contempla la complejidad de factores que intervienen en la interpretación musical y que contribuyen a identificar la obra. Por ello, analizaremos a continuación otras teorías más comprehensivas, en cuanto que presentan otras consideraciones significativas acerca de la obra musical concebida en un contexto de la interpretación tal como lo caracterizamos en el primer capítulo.

2.2. Universalismo

2.2.1. Platonismo extremo

A partir del análisis del lenguaje ordinario, Peter Kivy desarrolla su ontología de la obra musical. Este objeto no es un objeto físico –a diferencia de una obra de arte en cuanto objeto discreto, como una pintura–, pero sigue siendo una «cosa», una «obra de arte», no situada en un lugar ni en un tiempo concreto –aunque las partituras y la interpretación sean dos términos muy vinculados a las obras musicales y nos evite introducir entidades no físicas–. De modo que considera que las obras musicales son de la misma naturaleza –o clase– que los números, porque las obras musicales son también objetos no espaciotemporales. Esta explicación proviene de una teoría realista o platónica aplicada a los objetos matemáticos, donde los números son *tipos* –una cosa real y existente (de manera necesaria) que no es de naturaleza física, luego,

---

[63] Thom, Paul, *For an audience: a philosophy of the performing arts*, Philadelphia, Temple University, 1993, p. 32.

es no espaciotemporal– y sus ejemplares particulares son *casos*[64]. Esta teoría nos obliga a distinguir entre el hacer y el descubrir. De entrada, puede parecer contraintuitivo pensar en las obras como tipos naturales, como los números, que estaban ahí antes de que nosotros los conociéramos. Por tanto, plantea dificultades[65]. Asimismo esta teoría adopta una explicación tipo/caso para las obras musicales porque conviene a la distinción obra/interpretación. Con cierto margen, los casos de un determinado tipo difieren entre sí, pero siguen siendo reconocibles como ocurrencias de ese tipo, puesto que todas sus interpretaciones se ajustan a la partitura.

Kivy denomina a su postura platonismo extremo porque identifica la clase de las obras musicales con la clase de los números y asume que todas las interpretaciones son casos del mismo tipo, que es la obra musical[66]. Pero él mismo reconoce cuatro problemas en su teoría. El primero consiste en que mientras que los tipos se descubren, comúnmente se considera que las obras se crean; sin embargo, para Kivy, hablar de composición y de descubrimiento no es contraintuitivo, porque los procesos compositivos son sumamente complejos. Se trata de un camino gradual y progresivo hasta «encontrar» la estructura, el tema o las modulaciones adecuadas[67]. El segundo problema surge al pensar que si las obras musicales fueran tipos, serían meras estructuras sonoras; sin embargo, solemos considerar esenciales las propiedades acústicas para su naturaleza. Ahora bien, para Kivy, la obra que el compositor descubre y sus primeras ejemplificaciones incluyen también el color tímbrico que aporta cada instrumento y que, además, configura su estructura sonora[68].

El tercer problema consiste en que los tipos son algo impersonal, mientras que las obras llevan la marca personal de su autor; es decir,

---

[64] Kivy, Peter, *Themes in philosophy of music, op. cit.*, pp. 210-211.
[65] *Ibid.*, p. 212.
[66] *Ibid.*, p. 213.
[67] *Ibid.*, p. 215.
[68] *Ibid.*, p. 217.

lo que es creado tiene autor, lo que ya estaba está ahí debe descubrirse; para Kivy, una obra musical lleva el sello de su autor porque, como objeto no espaciotemporal, constituye la primera ejemplificación, y el logro artístico es hacer audible a los demás lo que el compositor ha oído con anterioridad[69]. El cuarto y último problema estriba en que los tipos son intemporales e indestructibles, mientras que tenemos la certeza de que muchas obras han desaparecido. En este sentido, el platonismo matizado de Jerrold Levinson, para quien la obra musical es un tipo iniciado, supone para el platonismo extremo de Kivy un desafío, porque para este las obras ni se crean ni se destruyen, y aunque pudieran desaparecer los medios que sirven para su interpretación, la obra se aniquilaría para nosotros, pero nunca podrían dejar de existir[70].

En la lectura de Thom, al considerar las obras musicales como tipos platónicos, se garantiza la perdurabilidad de las obras, pero no parece una teoría adecuada porque los tipos de secuencias de sonidos perduran más tiempo que las obras musicales. La razón es que las entidades abstractas pueden existir sin haber sido instanciadas y son eternas, pero las obras musicales no son tan duraderas[71].

Por su parte, Davies analiza el ejemplo del acorde *Tristán* que proporciona Kivy para defender su teoría. Según Davies y, en línea con la crítica de Thom, solo aquello que ya existe puede ser descubierto, por lo que admite la posibilidad de que haya existentes que aún no se han descubierto. En este sentido, si se piensa el acorde como un conjunto de frecuencias relativas, entonces descubrirlas sería una posibilidad matemática y, como tal, debería haber existido desde siempre. Pero si se piensa dicho acorde como algo que funciona de un modo determinado en un estilo o tradición concretas, entonces esto sería haber descubierto una posibilidad musical y armónica que, como tal, puede no haber

---

[69] *Ibid.*, p. 219.
[70] *Ibid.*, pp. 221-222.
[71] Thom, Paul, *For an audience, op. cit.*, p. 32.

existido antes[72]. Por tanto, este ejemplo de Kivy no permitiría distinguir entre la posibilidad musical práctica del acorde y su aparición en una obra musical concreta.

Una aproximación a las obras musicales desde el platonismo extremo, tal y como lo propone Kivy, supone una superación de la teoría nominalista de Goodman, porque sale del plano puramente teórico y contempla la posibilidad de cierta variación entre las interpretaciones (casos) de una obra (tipo). Sin embargo, la principal dificultad de esta teoría es la que él mismo señala y que intenta justificar: si las obras son tipos de la misma naturaleza que los objetos matemáticos, entonces se descubren en un arduo proceso de artesanía donde el compositor finalmente encuentra la obra. Sin embargo, esta ontología tampoco pone en valor el lugar de la interpretación o del intérprete, puesto que las obras musicales, al ser eternas, increadas e indestructibles, permanecen en un plano distinto y alejado del hecho musical, ya que los condicionantes histórico-culturales se relegan al plano de la interpretación, como veremos en el tercer capítulo.

2.2.2. Platonismo matizado

Como alternativa al platonismo extremo, Jerrold Levinson parte de la dificultad de marras por la cual las obras musicales son entidades no físicas, lo que dificulta su consideración como obra de arte en sí[73]. Por eso Levinson se adhiere al enfoque platonista de C. L. Stevenson, J. Margolis o R. Wollheim[74], y ahora podríamos añadir P. Kivy, quienes

---

[72] Davies, Stephen, *Musical Works and performances, op. cit.*, pp. 33-34.

[73] Levinson, Jerrold, *Music, art, and metaphysics*, New York, Oxford University Press, 2011, p. 63.

[74] Véase Stevenson, Charles Leslie, «On 'What is a poem?'», *Philosophical Review*, 66, 1957, pp. 329-362.; Margolis, Joseph, *The language of art and art criticism*, Detroit, Wayne State University Press, 1965.; Wollheim, Richard, *Art and its objects*, New York, Harper & Row, 1968.

consideran que la obra musical es un objeto abstracto, un tipo o clase estructural que puede ser escuchado a través de sus casos, pero que es independiente de ellos. Sin embargo, presenta tres objeciones a la teoría y para cada una de ellas establece un requisito que permita ofrecer una visión más precisa de las obras musicales[75].

La primera objeción consiste en que al concebir las obras musicales como estructuras de sonido, tipos puros que existen desde siempre, estas no podrían ser creadas. lo que haría innecesaria la actividad creativa de un compositor para que existiera el tipo de estructura sonora y para que pudieran darse determinados acontecimientos sonoros que fueran instancias de esa estructura[76]. Pero lo cierto es que tenemos una noción de creación artística tan fuertemente arraigada, que decir que las obras de arte no se crean sino que se descubren es contravenir esta intuición básica. Además, el acto creativo es fuente de valor o importancia para dicha composición musical, mientras que si suponemos la preexistencia de las obras musicales, el reconocimiento especial que hacemos de las obras y los compositores desaparecería. En palabras de Levinson:

> Nos maravillamos ante una gran pieza de música en parte porque, si su compositor no se hubiera comprometido con esa actividad, la pieza (casi seguro) no existiría; pero existe, y nos sentimos agradecidos con el compositor precisamente por ello[77].

Por lo tanto, el primer requisito que establece Levinson para satisfacer una definición de la obra musical es el de *creabilidad*, y lo enuncia del siguiente modo: «(*Cre*) Las obras musicales deben ser algo que no exista con anterioridad a la actividad compositiva del compositor, sino que sean traídas a la existencia mediante esa actividad»[78].

---

[75] Levinson, Jerrold, *Music, art, and metaphysics, op cit.*, p. 64.
[76] *Ibid.*, p. 65.
[77] *Ibid.*, p. 67.
[78] *Ibid.*, p. 68.

La segunda objeción se centra en que si las obras musicales fueran solo estructuras sonoras, ante la misma estructura, dos compositores compondrían exactamente lo mismo. Pero eso nunca sucede, dos compositores pueden componer la misma estructura sonora y producir dos obras distintas. Por lo tanto, las obras no son solo estructuras sonoras, sino además sus atributos estéticos y artísticos que dependen de un contexto histórico-musical en el que compone un compositor. Y puesto que los contextos son siempre diferentes incluso si las obras son idénticas en sus estructuras sonoras, estas tendrán atributos estéticos distintos[79], lo que las hace originales. Así el segundo requisito es el de *correcta individuación* que formula del siguiente modo: «(*Ind*): Las obras musicales deben ser tales que los compositores que componen en diferentes contextos histórico-musicales y determinan estructuras de sonido idénticas, invariablemente componen distintas obras»[80].

La tercera objeción, relacionada con los medios de interpretación, consiste en que si las obras musicales solo fueran estructuras sonoras, aquellas no implicarían ningún medio en particular. Pero las obras que Levinson contempla indican siempre medios de interpretación específicos, porque la instrumentación forma parte de las obras mismas[81]. En efecto, los compositores no describen patrones sonoros puros, sino que a través de los medios de producción indirectamente señalan un patrón sonoro puro, y además, siempre tienen en cuenta los colores tonales de cada instrumento antes de componer y no al contrario. De hecho, el contenido estético de una obra viene determinado no solo por su estructura sonora y su contexto histórico-musical, sino también por los medios de producción que hacen que sea audible. Por lo tanto, el tercer requisito para cualquier descripción de las obras musicales es *la inclusión de los medios de interpretación:* «(*Int*) Las obras musicales deben

---

[79] *Ibid.*, p. 69.
[80] *Ibid.*, p. 73.
[81] *Ibid.*, p. 73.

ser tales que los medios específicos de interpretación o producción de sonido sean parte integrante de ellas»[82].

Por lo tanto, Levinson defiende una ontología de las obras musicales en la que estas deban poder crearse, se distingan por el contexto de composición e incluyan los medios de producción del sonido. De este modo, una obra musical es una entidad compleja que enuncia así: «Estructura S/PM tal como ha sido indicada por X en t», donde S/PM (*sound/performance means*) es el conjunto formado por el sonido y los medios de producción; X es una persona concreta, el compositor; y t es el momento de composición[83]. Según esta definición, esta estructura no preexiste a la actividad compositiva y, por lo tanto, puede ser creada. La definición establece una relación entre el compositor y la indicación de la estructura S/PM, por la cual trae al ser algo que no existía previamente. Mediante el acto compositivo, el mundo contiene una nueva entidad, que es una estructura S/PM tal como ha sido indicada por X en t. Esto es lo que Levinson llama *estructuras indicadas*.

Según Thom, aunque la teoría de Levinson tiene la ventaja de que connota un proceso de externalización, sin embargo, no captura de modo suficiente lo que supone la externalización de una obra para la interpretación. El compositor no solo indica las notas u otros elementos que constituyen la obra, sino que además toma una postura ilocucionaria en relación con esos elementos, es decir, da instrucciones acerca de cómo llevarlos a cabo[84].

Podríamos añadir a esta forma de platonismo la breve caracterización que hace Godlovitch, quien se adhiere a la distinción entre tipo y caso, como una relación de uno a muchos, donde el tipo son las obras, entidades abstractas, y las interpretaciones eventos delimitados espaciotemporalmente. Afirma que las obras musicales están hechas por seres humanos, pero son objetos que no pertenecen al mundo físi-

---

[82] *Ibid.*, p. 78.
[83] *Ibid.*, p. 79.
[84] Thom, Paul, *For an audience, op. cit.*, p. 37.

co, más bien comparten un espacio con patrones, estructuras, teorías y otras abstracciones. Además, aunque las partituras pueden ser editadas y revisadas, la obra permanece, porque el contenido ha sido definido y determinado por un autor en un contexto de creación. De este modo, las obras no pueden destruirse como sí pueden hacerlo los objetos espaciotemporales[85]. Por lo que la fijación de la obra musical implica la precisión de sus detalles, así como la inmunidad al cambio, pero, a su vez, debe ser consistente con la posibilidad de que emerjan novedades en la interpretación.

El platonismo matizado supone una ventaja respecto de las dos ontologías estudiadas anteriormente. Aunque mantiene la tesis platónica de que las obras son tipos eternos, los tres criterios que propone permiten caracterizar la obra musical desde una perspectiva más afín al modo como musicólogos e intérpretes se aproximan al estudio de las obras musicales. Es decir, la obra es un tipo creado que incorpora los medios de producción y cuyos atributos artísticos están condicionados por un contexto histórico-cultural. Sin embargo, esta ontología también mantiene a la obra musical alejada del hecho interpretativo y fortalece la relación entre el compositor y su obra, lo que pone en valor la centralidad de la obra. De modo que deja poco margen a la libertad creativa del intérprete y, por lo tanto, nos dificultaría considerarlo como un artista. En este sentido, puesto que Godlovitch contempla la variedad en las distintas instancias de la obra, cubre este déficit de la teoría levinsoniana.

2.2.3. Aristotelismo

La ontología de las obras musicales para la interpretación que defiende Paul Thom está vinculada al concepto de autoría de cualquier obra para la interpretación. Por ello, conviene dilucidar sus implicaciones.

---

[85] Godlovitch, Stan, *Musical performance, op. cit.*, pp. 86.

Ser autor de una obra consiste en dirigir la obra a los posibles ejecutantes, es crear algo que funcione como instrucción en relación con las interpretaciones de la obra; esto es lo que John Searle llama la fuerza ilocucionaria de una directiva[86]. Normalmente, esas directivas incluyen especificaciones para los medios de ejecución de la obra y se proporcionan asumiendo la práctica interpretativa que comparten el autor y la comunidad interpretativa[87].

Thom aplica la distinción tipo-ejemplar también a las directivas. Por lo tanto, si ser autor de una obra para la interpretación implica dar una directiva, entonces para que esta sea expresada, es necesario que se produzca un ejemplar de ella. Por lo tanto, ser autor de una obra para la interpretación implica producir un ejemplar de la directiva orientado a los intérpretes, y cuando la transmisión de una directiva (conservando las prácticas para futuras generaciones) se logra con éxito, surge la obra musical. Así, a diferencia de los platonistas, esta teoría pone de relieve que el autor está sujeto a la influencia de la obra de otros autores, y que un acto de creación implica referencias tanto a las directivas del ejemplar como a otros agentes[88].

En cuanto a la ontología de la obra para la interpretación, Thom sigue a Gregory Currie[89] al afirmar que el autor y el tiempo deben ser omitidos de la identidad de la obra, pero esta existe solo si ha sido creada por su autor[90]. A continuación, veremos cómo Thom defiende que el conjunto de hipótesis sobre el tipo al que pertenecen las obras para la interpretación es consistente con la explicación acerca de la autoría de las obras para la interpretación.

Según la primera hipótesis, una obra para la interpretación debe presentar el «contenido dirigido de una directiva interpretativa», que es el

---

[86] Véase Searle, John R. y Vanderveken, Daniel, *Foundations of illocutionary logic*, Cambridge, Cambridge University Press, 1984.

[87] Thom, Paul, *For an audience*, *op. cit.*, p. 39.

[88] *Ibid.*, p. 42.

[89] Véase Currie, Gregory, *An ontology of art*, Houndmills, Macmillan Press, 1989.

[90] Thom, Paul, *For an audience*, *op. cit.*, p. 44.

contenido que orienta la realización de la interpretación e incluye cualquier especificación acerca de quién, qué y cómo debe hacerse. Según la segunda hipótesis, el contenido dirigido de una directiva interpretativa existe si y solo si existe un tipo de directiva interpretativa correspondiente. Conforme a la tercera hipótesis, un tipo de directiva interpretativa existe si y solo si existe algún ejemplar de ella. Por lo tanto, por la cuarta hipótesis, una obra para la interpretación existe si y solo si existe un ejemplar de la directiva interpretativa correspondiente.

En este sentido, se aleja del platonismo porque, aunque Thom admite que podría existir un contenido independiente de una directiva interpretativa, este no se correspondería con las obras para la interpretación (que requieren de ese contenido dirigido, intencional), sino con «posibilidades artísticas». Y, además, aunque entiende que las obras para la interpretación son universales, no admite la interpretación platónica de los universales, sino que se adhiere a una interpretación aristotélica, por la cual un universal existe cuando su primera instancia existe (quien la produce es su creador) y deja de existir cuando desaparece la última instancia[91].

Ahora bien, dada la cuarta hipótesis, si todos los ejemplares de la partitura de una obra se perdieran, esta obra desaparecería. Pero mientras sea recuperable porque *existe* en la mente de alguien, seguiría existiendo. Por lo tanto, esta hipótesis exige la existencia no solo de los particulares sino también de los particulares públicos. Por todo ello es necesario admitir que la obra existe mientras un ejemplar correspondiente con una directiva interpretativa exista o sea recuperable, en la medida en que es factible la producción de un ejemplar público de la directiva. Por ello, con arreglo a la quinta hipótesis, un ejemplar de una directiva interpretativa es recuperable si y solo si un ejemplar de ese tipo ha existido previamente. Entonces, la tercera hipótesis habría de corregirse así: un tipo de directiva interpretativa existe si y solo si un ejemplar de ella existe o es recuperable; y la cuarta hipótesis así: una obra para la

---

[91] *Ibid.*, pp. 45-46.

interpretación existe si y solo si un ejemplar correspondiente de directiva interpretativa existe o es recuperable[92].

Thom se aleja de las explicaciones platónicas porque no encuentra razones de peso para suponer que la identidad de una obra musical para la interpretación se deba exclusivamente a la identidad de los sonidos que la interpretación de la obra produce, como si el sonido producido fuera el único objeto de atención estética. Según el autor, no debemos identificar la obra musical con el objeto de atención estética, de modo que otra diferencia entre la hipótesis de Thom y la platónica es que las obras para la interpretación no son eventos visuales, por un lado, y sonoros, por otro, sino intérpretes ejecutando acciones, incluyendo la producción de eventos visuales y sonoros, que han sido dirigidos a través de las directivas interpretativas. Por ello acto y objeto son indistinguibles como contenidos dirigidos de una directiva interpretativa[93].

De la cuarta y quinta hipótesis se sigue, en sexto lugar, que traer a la existencia una obra para la interpretación es lograr que exista o haya existido un ejemplar de la directiva interpretativa. Y puesto que es imposible alterar el pasado, esto implica, finalmente, que traer a la existencia una obra para la interpretación es lograr que exista un ejemplar de la directiva interpretativa. Esta explicación satisface los mismos requisitos que otras obras de arte: en cuanto a su *etiología*, por un lado, puesto que existe solo si es creada por un autor y si el proceso de creación está imbuido en tradiciones culturales; y, por otro lado, en cuanto a su *teleología*, porque está destinado a la contemplación, ya que ese contenido dirigido demanda ser realizado por intérpretes para ser un objeto estético para unos espectadores[94].

En resumen, el aristotelismo de Thom es especialmente relevante para nuestra consideración del intérprete porque en esta ontología de las obras musicales el intérprete contribuye a dar sentido e identidad

---

[92] *Ibid.*, pp. 47-48.
[93] *Ibid.*, pp. 48-49.
[94] *Ibid.*, p. 50.

a las obras musicales: identidad, porque la obra para la interpretación requiere el cumplimiento de las directivas interpretativas ordenadas por el compositor, y dicho cumplimiento exige no solo la producción de sonido, para lo que bien valdría un sintetizador, sino de otros aspectos que tienen que ver con la gestualidad, u otros elementos visuales; y sentido, porque la obra existe en la medida en que pueda ser recuperada a través de sus ejemplares, es decir, que pueda ser reproducida. Y si la obra musical se identifica con su ser interpretado, el intérprete tiene una función ineludible en la transmisión y conservación de las obras musicales.

2.3. Particularismo

La teoría de Stephen Davies expuesta en *Musical Works and performances* resulta original respecto de las estudiadas anteriormente, ya que el concepto de obra musical que propone no se limita al de la música escrita vinculada a la tradición de la música occidental. Presenta una tipología en la que distingue entre las obras destinadas a la interpretación y las que no, y dentro de las primeras las que son para su presentación en vivo y las que no. Sin embargo, los límites entre estos tipos son difusos, dado que lo que se da es un continuo que va desde la improvisación libre, hasta la música completamente creada mediante recursos electrónicos, pasando por la interpretación en directo y la música grabada[95].

Dado que nuestra investigación está orientada a cierta tradición de la música occidental, nos centramos en las obras para la interpretación. Estas pueden ser estrechas (si sus propiedades determinantes son pocas en relación a las cualidades que presenta la interpretación) o gruesas (cuando gran parte de lo que muestra la interpretación constituye la identidad de la obra) en sus propiedades constitutivas. Y puesto que las interpretaciones siempre exceden en propiedades a las obras, por muy ricas que estas sean, aquellas difieren entre sí en función de las

---

[95] Véase Davies, Stephen, *Musical works and performances, op. cit.*

decisiones que tome el intérprete a partir de las especificaciones[96]. Por ello, la *multiinstanciabilidad* es uno de los criterios que nos ayudan a definir las obras para la interpretación, ya que al contemplar las piezas musicales no solo tenemos una experiencia, sino que consideramos la multiplicidad de formas en que podrían interpretarse[97].

Estas obras se transmiten a través de instrucciones que da el compositor al intérprete a través de una partitura, oralmente o mediante una interpretación que tiene el estatus de «modelo». En lo que a nosotros nos concierne, la partitura es notación musical escrita (no toda notación musical es una partitura) y tiene la autoría de sus compositores, quienes especifican las obras mediante instrucciones para que el intérprete pueda realizar una interpretación. Sin embargo, ni todo lo que está en la partitura tiene el estatus de determinante ni todos los aspectos determinantes de la obra están escritos, ya que interpretar una obra exige el conocimiento de las convenciones y las prácticas interpretativas que asumía el compositor. Además, este tipo de obras exige que el intérprete tenga la habilidad y musicalidad suficientes para interpretar la obra, tanto cuando la obra es estrecha –por lo que puede aportar en la interpretación– como cuando es gruesa –porque el intérprete debe emplear su creatividad para seguir las instrucciones precisas del compositor a la hora de presentar la obra[98]–.

En su teoría, Davies no concibe las obras musicales como particulares concretos, aunque las encontremos en particulares concretos (o interpretaciones), sino como particulares abstractos. En tanto que abstracciones, por un lado, el universalismo defiende que el acceso a las obras musicales se obtiene a través de las interpretaciones o las partituras (enfoque epistemológico); por otro lado, el particularismo concibe la obra musical como una mera expresión referencial, porque sus referentes son todas las interpretaciones pasadas, presentes o futuras o

---

[96] *Ibid.*, p. 20.
[97] *Ibid.*, p. 13.
[98] *Ibid.*, pp. 21-22.

copias de la partitura (enfoque ontológico)[99]. Según Davies, el estatus ontológico de las obras musicales es ese por el cual una pieza no es nada más allá de sus interpretaciones. Para aceptar esta tesis, arguye, debemos admitir la existencia de particulares abstractos como «la familia» o «el presidente de EE. UU.» o «la *Quinta Sinfonía* de Beethoven», porque las obras tienen propiedades que no pueden ser reducidas a todas las instancias correctas que engloba o reúne. Además, las obras deben desempeñar un rol para que cuenten como instancias correctas, ya que sin normas previas relativas al contexto no se puede distinguir entre los casos adecuados y los inadecuados. Por ello se inclina hacia una ontología contextualista, frente a las teorías que desvinculan la obra del lugar social e histórico[100].

Esta teoría de Davies también favorece nuestra consideración del intérprete como un artista. En primer lugar, si la obra es un particular abstracto, por el cual la obra es el conjunto de sus interpretaciones, entonces el intérprete, con sus habilidades y conocimientos musicológicos, desempeña un rol fundamental en la configuración de la identidad de las obras musicales y en hacerlas formar parte de una tradición. Además, si la partitura tiene menos cuerpo que la interpretación, porque la notación subdetermina lo que habrá de hacerse en una interpretación auténtica de la obra, esto posibilita y exige la toma de decisiones por parte del intérprete. Sin embargo, esta libertad interpretativa está sujeta a una normatividad que no podemos eludir si el intérprete se ha comprometido a interpretar la obra de un compositor. Gracias a esta normatividad, las interpretaciones de una obra, siendo distinguibles entre sí, todas ellas son reconocibles como ejemplares adecuados de una obra.

En definitiva, concebir la obra musical como abstracción es consistente con una lectura de la interpretación y del intérprete como una actividad artística. Sin embargo, las ontologías pluralistas, como las que se derivan del aristotelismo o del particularismo, incorporan notas

---

[99] *Ibid.*, p. 39.
[100] *Ibid.*, p. 43.

fundamentales para nuestros propósitos. Ambas reconocen el carácter doblemente intencional que caracteriza a las obras musicales, las obras son un conjunto de directivas interpretativas dirigida a un intérprete o intenciones interpretativas que el compositor recoge en una partitura, pero, por otro lado, el ser de las obras es su ser interpretado. Ahora bien, seguir estas directivas interpretativas o cumplir con las intenciones determinantes del compositor supone una restricción a la libertad artística. Por ello, en el siguiente capítulo desarrollaremos algunas teorías vinculadas al criterio de autenticidad que exige nuestra tradición musical.

3. LA AUTENTICIDAD
DE LA INTERPRETACIÓN MUSICAL

La autenticidad como criterio para la interpretación musical surge con el movimiento de la interpretación históricamente informada, que se inicia en el siglo xix, en el marco del historicismo, y que dio lugar a la producción de numerosas ediciones críticas e interpretaciones de la música antigua. En los años setenta se vuelve un tema central en el contexto de la interpretación occidental y supuso una fecunda orientación para los intérpretes. Según el diccionario *New Grove*:

> La interpretación auténtica puede referirse a una o a cualquier combinación de las siguientes aproximaciones: uso de instrumentos de la era del propio compositor; uso de técnicas interpretativas documentadas que se empleaban en la era del compositor; interpretación basada en las implicaciones de las fuentes originales para una obra en concreto; fidelidad a las intenciones del compositor para la interpretación o al tipo de interpretación que el compositor deseaba o lograba; un intento de recrear el contexto de la interpretación original; y un intento de recrear la experiencia musical de la audiencia original[101].

Sin embargo, dicho movimiento ha despertado muchas críticas, como la de Richard Taruskin[102], para quien la «autenticidad» sugiere una forma de elitismo cultural que sugeriría que cualquier otro tipo de interpretación sería inauténtica, una falsificación o un engaño y

---

[101] Kendall, A., «Authentic performance», *The New Grove Dictionary of Music and Musicians*, ed. Stanley Sadie, vol. 1, 2001, Oxford, Oxford University Press, pp. 620-625.
[102] Véase Taruskin, Richard, «On letting the music speak for itself», *Journal of Musicology*, 1, 1982, pp. 338-349; Taruskin, Richard, «The limits of authenticity: A discussion», *Early Music*, 12, 1984, pp. 3-12.

que, además, tendría poco de histórico, porque muchos aspectos de la interpretación tienen que ser inventados o tomados de las prácticas existentes y están condicionados por un gusto moderno. Algunos, sin embargo, discutirían que a pesar de las críticas que puedan hacerse, el movimiento por la interpretación históricamente informada es uno de los desarrollos más significativos en los estilos interpretativos del siglo xx. Lo que ha abierto numerosas posibilidades para nuevas formas de interpretar y de escuchar.

En el presente capítulo presentaremos diversas aproximaciones al concepto de autenticidad de la interpretación musical desde dos perspectivas: liberal y purista[103]. Para el purista las intenciones interpretativas son las expresadas en la partitura y no otras, ya que el compositor es quien determina qué es lo mejor para su música, dado su contexto y las convenciones de su tradición. Además, para el purista, tanto las secuencias de notas como la configuración instrumental y técnica constituyen la identidad de la obra. Para el liberal, sin embargo, cualquier forma convencional de ejecución es adecuada dado que la interpretación es consistente con la práctica pasada. Asimismo, arguye que sin intérpretes con las habilidades adecuadas para interpretar en instrumentos antiguos, no podríamos acceder fácilmente a gran parte del repertorio, y como oyentes tenemos derecho a apreciar la música como nos sintamos más cómodos. Además, la universalidad de la música reside en su adaptabilidad al cambio de instrumentos y estilos interpretativos[104]. Lo cual justificaría una forma más radical de esta postura, ya que si solo podemos interpretar desde el presente, la interpretación histórica no es posible, y por ello deberíamos emplear la tecnología óptima para favorecer la expresión musical[105].

---

[103] Esta distinción la establece Godlovitch, Stan en «Authentic performance», *The Monist*, 71/2, 1988, pp. 258-277; y en Godlovitch, Stan, «Innovation and conservatism in performance practice», *The Journal of Aesthetics and Art Criticism*, 55/2, 1997, pp. 151-168.

[104] Godlovitch, Stan, «Authentic performance», *op.cit.*, pp. 265-267.

[105] *Ibid.*, p. 260.

3.1. Liberales

La primera aproximación al concepto de autenticidad que presentamos a continuación es crítica respecto al movimiento de la interpretación histórica. Paul Thom afirma, por un lado, que una interpretación auténtica debe cumplir con el conjunto de instrucciones implícitas y explícitas que son las obras, pero no debemos olvidar que la autenticidad es una reacción contra una supuesta tradición corrupta de la ejecución, que intenta derrumbar una tradición interpretativa y restaurar otra. Por esta razón, la autenticidad para Thom es una cuestión de grado[106]. Es decir, perseguir el ideal de autenticidad es una lectura radical de la idea de ejecutar una obra fielmente. Por otro lado, los críticos de este movimiento lo consideran un valor más académico que estético. Para Thom, sin embargo, la autenticidad de la interpretación tiene un valor tanto académico como estético, y este valor estético no se reduce a las obras interpretadas, sino que se relaciona directamente con la interpretación[107].

Si el ideal de autenticidad en la interpretación es el ideal de restaurar una tradición interpretativa que cumple con todas las directivas de la obra, explicitas e implícitas, entonces la tradicional valoración de la obra supone que cada interpretación de esta debe ser auténtica; porque si es el deber del interprete presentar la obra como es, entonces su deber es presentar la obra auténticamente[108]. No obstante, la inexactitud puede aparecer en el nivel de ejecución, en el nivel de planificación, o en el nivel de lectura, y la falta de autenticidad que pueda derivarse de ello no exime de valor a la interpretación. Con ello, Thom justifica por qué los intérpretes no están obligados necesariamente a hacer lo que el autor pretendía. Los intérpretes pueden optar por manipular las obras que interpretan y esta podría ser artísticamente la decisión correcta si

---

[106] Thom, Paul, *For an audience, op. cit.*, p. 81.
[107] *Ibid.*, p. 76.
[108] *Ibid.*, pp. 83-84.

fuera más coherente, elegante e imaginativa o pudiera tener más relevancia para una audiencia particular. Lo valioso de las interpretaciones auténticas es que mientras haya correspondencia entre lo que se hace y lo que la obra ordena que se haga, estas pueden proporcionarnos información y nuevas perspectivas acerca del contenido de la obra y hacernos descubrir convenciones que subyacen a las directivas de la obra.

De modo que, aunque podría pensarse que el valor artístico de la interpretación auténtica es el valor de la obra, lo que reforzaría la centralidad de la obra en el esquema del valor tradicional, Thom considera que esta idea no puede sostenerse, dado que la interpretación auténtica busca derrocar una tradición supuestamente corrupta y el valor artístico está obligado a incluir valores performativos que faltan en dicha tradición derrocada. Lo valioso de una interpretación incluye cualidades de la obra interpretada, pero también la belleza de los sonidos u otras cualidades estéticas como la luz (en el caso de la música escénica, como la ópera) o la belleza del gesto. En efecto, muchos músicos dedicados a la práctica de la interpretación auténtica aprecian aspectos como la flexibilidad del tempo, la atención al detalle del fraseo y la articulación, el virtuosismo de los intérpretes, así como la claridad y pureza del sonido, ya que la interpretación auténtica procede de la interpretación en instrumentos o copias de los siglos XVII y XVIII. Con todo ello, la práctica de la autenticidad, lejos de confirmar la centralidad de la obra en el esquema del valor tradicional, de hecho, la indetermina, puesto que todas estas cualidades son específicamente de la interpretación, no de la obra[109].

Un estudio más profundo en torno al concepto de autenticidad es el que Peter Kivy desarrolla en *Authenticities*, quien observa que, como resultado de la crítica de Taruskin al movimiento, emerge el problema de que el concepto «auténtico» se emplea sin justificación y se afirma como un criterio bueno *per se*[110]. Si para la interpretación histórica el

---

[109] *Ibid.*, pp. 88-90.
[110] Kivy, Peter, *Authenticities, op. cit.*, p. 2.

objetivo es reproducir las intenciones del compositor y los rasgos estéticos de una época o buscar la autoridad en una fuente original, para la interpretación convencional es importante transmitir la sinceridad de uno mismo y concebir al intérprete como un artista y su interpretación como una obra de arte por sí misma[111]. De modo que, la autenticidad puede tener distintos significados, incompatibles entre sí, dependiendo de en qué marco referencial lo situemos. Por ello Kivy analiza la autenticidad en sus cuatro formas: como intención, como sonido, como práctica y como sinceridad.

En primer lugar, el concepto de autenticidad de la intención que defiende Davies, como fidelidad a las intenciones del autor expresadas en la partitura, se aleja, según Kivy, del modo como lo entiende la tradición de la interpretación histórica, puesto que estos intentan recuperar algo que está más allá de lo expresado en la partitura[112]. En cuanto a la crítica de Taruskin al movimiento de la interpretación histórica, quien defiende que las intenciones son inaccesibles y que los compositores no poseen aquellas que investiga el movimiento de la interpretación histórica, para Kivy esta objeción no es vinculante, puesto que no hay barreras epistémicas para conocer los deseos e intenciones de los compositores[113]. De modo que, si la búsqueda de la autenticidad es posible pero conduce a una práctica que está demasiado al servicio de la autoridad del juicio histórico y de la imitación frente al gusto musical o la creatividad, entonces, o bien debemos rechazar la autenticidad intencional, o bien debemos asumirla renunciando a la espontaneidad[114]. No obstante, para Kivy, es tan fundamental justificar la intención para la práctica interpretativa como cultivar el gusto musical, pero no apelando a la creatividad o a la espontaneidad, sino resignificando el término «intención» desde una psicología del sentido común. En palabras de Kivy:

---

[111] *Ibid.*, p. 6.
[112] *Ibid.*, p. 9.
[113] *Ibid.*, p. 20.
[114] *Ibid.*, p. 21.

> Con el uso común y el sentido común recuperados, creo que será posible alcanzar la autenticidad de la intención, en el verdadero sentido de ese concepto, sin el bagaje de la pedantería o la renuncia del juicio musical que algunos de nosotros hemos llegado a representar[115].

Es decir, gracias al sentido común podemos conocer la intención a partir de lo que se dice y del comportamiento y de las circunstancias de quien lo dice; y aunque la distancia temporal pueda ser un obstáculo para conocer los deseos e intenciones, la afinidad cultural o personal puede hacerlos incluso más cercanos que la mera contemporaneidad[116]. Si esto es así, para determinar de qué tipo (órdenes o sugerencias) son las intenciones de un compositor, debemos consultárselo a él mismo mediante un salto especulativo. Para ello es necesario superar las barreras disciplinares de un historiador –atenerse solo a la notación sería considerar las intenciones en sentido fuerte y probar las intenciones en la interpretación sería tomarlas solo como sugerencias: ambas conducirían a mantenerse en un terreno histórico seguro[117]– y analizarlas en relación con un contexto. Por eso, lo adecuado no sería preguntar al compositor qué habría deseado dadas sus circunstancias, sino qué desearía dadas las nuestras, puesto que nuestro interés es la interpretación actual. Además, para acceder a los deseos e intenciones de un autor debemos interpretarlos situándonos en su mente y bajo condiciones cambiantes. La idea que subyace a este ejercicio imaginativo es que un conjunto de intenciones en el pasado podría producir hoy mejores resultados. De modo que, el primer paso para conseguir la autenticidad de la intención es preguntarnos: ¿Qué elegiría X para interpretar hoy su obra Y? El segundo paso es respondernos adecuadamente, teniendo en cuenta la

---

[115] *Ibid.*, p. 22.
[116] *Ibid.*, p. 27.
[117] *Ibid.*, p. 31.

jerarquía de intenciones interpretativas del compositor y nuestro juicio estético orientado por el oído musical[118].

En segundo lugar, la autenticidad como sonido pondera el grado de autenticidad histórica en la medida en que una interpretación es sonoramente idéntica a una interpretación del pasado. Kivy distingue entre dos formas distintas de «escuchar». La primera está vinculada a la autenticidad sónica o histórica y, según esta, reproducir lo que alguien oyó significa reproducir *lo que estaba allí para ser oído*[119]. La segunda está asociada a la autenticidad sensible, y se refiere a la percepción consciente, de modo que todos los ruidos o sonidos irrelevantes *que estaban ahí para ser oídos* pasan desapercibidos y, de hecho, no los oímos[120].

Esto es, para los intérpretes de la corriente historicista, que defienden la autenticidad sónica, los ruidos de un clavicordio o la afinación de los instrumentos de viento no temperados constituyen parte de la expresión de la obra y le otorgan su identidad. Pero, desde el punto de vista de la autenticidad sensible, el oyente en general tiene un oído «indulgente», es decir, escucha benevolentemente según lo que quiere y espera[121]. Esto significa que nuestras creencias y experiencias influyen en el modo como escuchamos y escucharon nuestros antepasados. Por ejemplo, históricamente, el conjunto instrumental ha aumentado desde la época de Bach, por lo que la impresión que pudo provocar la *Obertura* de la *Pasión Según San Mateo* en el pasado debió ser mayor que la que podamos tener hoy tras la experiencia de un *Requiem* de Berlioz. Por lo que replicando el conjunto del que dispuso Bach, como haría un defensor de la autenticidad sónica, no lograremos la autenticidad sensible. Luego, la autenticidad sónica excluye la autenticidad sensible y viceversa.

---

[118] Esta idea está influida por Dipert, Randall, «The composer's intentions: An evaluation of their relevance for performance», *Musical Quarterly*, 66/2, 1980, pp. 205-218.
[119] Kivy, Peter, *Authenticities, op. cit.*, p. 49.
[120] *Ibid.*, p. 50.
[121] *Ibid.*, p. 52.

Las autenticidades pueden ser contradictorias y, en este sentido, el movimiento de la interpretación históricamente auténtica puede conducir a una paradoja. Para escuchar de manera históricamente auténtica hay que escuchar ahistóricamente. Por ello, según Kivy, conviene interpretar la música como se hacía antes de que surgiera la conciencia de la interpretación históricamente auténtica, porque en la interpretación convencional la disposición de escucha es ahistórica. Sin embargo, no debemos negar que el conocimiento histórico, el análisis y la teoría musical nos permiten apreciar cualidades de la música que de otro modo no se podría. En este sentido, las cualidades que percibimos en las interpretaciones históricamente auténticas son una subclase que este movimiento nos ha permitido apreciar. Sin embargo, aunque ha enriquecido nuestra escucha, también ha conseguido que escuchemos de manera históricamente inauténtica al hacernos escuchar históricamente[122].

En tercer lugar, la autenticidad de la práctica, desde una perspectiva musicológica, consiste en considerar la práctica histórica como medio para lograr una interpretación históricamente auténtica de acuerdo con las intenciones del autor o que reproduce el sonido original. Según Kivy:

> En una palabra, la interpretación históricamente auténtica no es interpretación auténtica *per se* sino más bien los medios para la interpretación auténtica en uno u otro de los sentidos de la interpretación históricamente auténtica ya sondeados. Entendido así, no es problemático[123].

Ahora bien, para Kivy la práctica de la interpretación histórica es ya un fin en sí mismo y no un medio para obtener un sonido particular. De hecho, las interpretaciones que no emplean los instrumentos para los que fue concebida la obra inducen a que cuestionemos su autenticidad[124]. Por lo tanto, el autor plantea la hipótesis de que si la práctica interpretativa es un fin, entonces la música como objeto estético debe

---

[122] *Ibid.*, p. 72.
[123] *Ibid.*, p. 81.
[124] *Ibid.*, p. 81.

construirse como algo que va más allá del mero sonido, porque la práctica «tal como se escuchó» es un medio para producir sonido y solo puede ser un fin en sí mismo si es una parte no escuchada pero percibida en la experiencia musical total. Y esto es problemático[125].

Si observamos las diferencias entre una ópera, la música sacra (oratorio o cantata), una sinfonía clásica y una sinfonía moderna, entre los dos primeros casos, la carga visual constituye la experiencia musical con una diferencia gradual. En cambio, sí hay una gran diferencia en cuanto a los componentes sociales, económicos y culturales que circundaban a una sinfonía clásica y a una moderna. Las sinfonías modernas se concebían como sonido puro y para ser interpretadas en una sala de concierto moderna, en un museo sonoro; esto nos lleva a pensar que interpretar una sinfonía clásica en una sala de concierto moderna es interpretar de un modo históricamente inauténtico porque no proporcionan las propiedades visuales de la práctica previa[126]. Sin embargo, aquí la autenticidad de la práctica no se ve tan amenazada, porque muchas de las piezas fueron concebidas para entornos pequeños, distintos de las grandes salas de concierto modernas. Y estas obras se consideran de una riqueza tal que un espacio distinto del cual para el que fue concebido sigue siendo favorable, aunque imperfecto, para apreciar parámetros puramente musicales[127]. No obstante, también es cierto que otras músicas, con un marcado contenido social no tanto musical (músicas de salón, por ejemplo), no resisten bien el cambio de contexto.

En cuarto y último lugar, la autenticidad personal comienza con la asunción de que, si los intérpretes o ejecutantes son artistas entonces sus interpretaciones en sí mismas son obras de arte. Sin embargo, hay quien las considera afirmaciones complejas y hay quien las considera expresiones emotivas complejas[128], con independencia de que sean

---

[125] *Ibid.*, p. 89.
[126] *Ibid.*, p. 95.
[127] *Ibid.*, p. 97.
[128] *Ibid.*, p. 109.

obras de arte; de modo que la sinceridad de la actuación (la autenticidad personal) se añadiría a su aspecto afirmativo o expresivo y no sería un aspecto artístico[129]. Sin embargo, para Kivy las obras de arte no son independientes de la autenticidad personal y para defender este argumento, presenta el siguiente razonamiento: las actuaciones son obras de arte; las obras de arte expresan emociones o afirmaciones complejas; ser personalmente auténtico es ser sincero; las expresiones o afirmaciones son sinceras o insinceras y, por lo tanto, pueden ser personalmente auténticas; luego, si las interpretaciones (actuaciones) son obras de arte, entonces son expresiones o afirmaciones de las que puede predicarse sinceridad o autenticidad personal.

Por un lado, si las obras de arte son expresiones emotivas y, como tal, pueden ser sinceras o insinceras, la sinceridad como autenticidad personal debe poder explicar por qué hay una emoción que el intérprete siente pero que no expresa o que expresa, pero no siente. Esto no solo es difícil de comprobar, sino que, además, la incongruencia que pueda haber entre las emociones del intérprete y las de la música no son literalmente una cuestión de sinceridad o insinceridad, dado que el intérprete podría ser muy sincero respecto a sus emociones y estas no estar en sintonía con la emoción de la obra. Además, las emociones tienen un carácter intencional y surgen a partir de encontrarnos en una situación concreta y, a partir de ella, elaboramos creencias (ya sean verdaderas o falsas); por lo que no podemos experimentar todo el abanico de emociones a lo largo de una interpretación. Luego, la hipótesis por la cual una interpretación es auténtica si es una expresión emotiva sincera es una imposibilidad[130].

Por otro lado, al considerar las interpretaciones como afirmaciones, Kivy rechaza la explicación de T. C. Mark[131] –según la cual, de manera

---

[129] *Ibid.*, p. 110.
[130] *Ibid.*, p. 114.
[131] Véase Mark, Thomas Carson, «The philosophy of piano playing: Reflection on the concept of performance», *Philosophy and Phenomenological Research*, 41/3, 1981, pp. 299-324.

análoga al enunciado lingüístico, una interpretación, como afirmación, puede ser convincente o tener autoridad[132] y, como cita, necesita atribuir significados y saber qué ocurre musicalmente[133]– porque emplea los conceptos de cita y de afirmación en un sentido metafórico, que proviene de la tradición de estudiar la música instrumental como análogo al discurso literario[134].

De modo que, bajo el supuesto nunca abandonado por Kivy de que las interpretaciones son obras de arte, estas deben ser causadas por un tipo concreto de artistas. Comúnmente, lo «personalmente auténtico» se aplica a otras obras de arte, sean declaraciones o no, si emana directamente del artista y no es una imitación de otro artista. Y gracias a esta autenticidad el artista puede lograr estilo y originalidad siendo fiel a sus valores, gustos e intuiciones estéticas[135]. En el caso de la interpretación, tomando como ejemplo las paradigmáticas prácticas del barroco de ornamentación y realización del bajo cifrado, el resultado de esas interpretaciones puede considerarse obras de arte porque giran en torno a la práctica compositiva[136]. Del mismo modo que los compositores y los arreglistas versionan o arreglan las obras, *análogamente* el intérprete genera versiones de una obra. Luego, los intérpretes también practican la habilidad compositiva del arreglo y logran un grado de autenticidad personal que incorpora el estilo personal y la originalidad que las distingue entre otras.

Hasta ahora nos hemos acercado al concepto de autenticidad a través de Paul Thom y Peter Kivy, quienes muestran un enfoque crítico con los objetivos que se propone la interpretación históricamente auténtica. Una perspectiva que resulta afín a dicho movimiento es la que proponen Jerrold Levinson y Stephen Davies y que presentamos a continuación.

---

[132] Kivy, Peter, *Authenticities, op. cit.,* p. 117.
[133] *Ibid.,* p. 119.
[134] *Ibid.,* p. 121.
[135] *Ibid.,* p. 123.
[136] *Ibid.,* p. 133.

3.2. Puristas

El primer acercamiento a la posición del purista lo haremos a través de la crítica a la autenticidad sensible que Levinson articula en «In defense of authentic performance», donde intenta demostrar la coherencia del concepto de interpretación históricamente auténtica con el valor de la práctica interpretativa históricamente auténtica[137]. Para Levinson, lo que debemos esperar cuando escuchamos música de épocas anteriores es lo que el público contemporáneo escuchó en buenas interpretaciones de la obra. Por ello el objetivo principal de los intérpretes debe ser ofrecer interpretaciones históricamente auténticas o informadas que sean tan precisas y expresivas como se pueda.

En este sentido, respecto a la distinción que hace Kivy entre autenticidad sónica (tal como se oyó) y sensible (cómo fue percibido), Levinson rechaza que debamos perseguir la autenticidad sensible, porque hay una distancia insalvable entre el mundo contemporáneo y los siglos pasados; mientras que lo que debemos perseguir es la autenticidad sónica, dejando al oyente el ajuste de sus oídos a una mentalidad adecuada para escuchar esa música, de tal modo que podamos recrear ese efecto en el público contemporáneo.

De forma que, intentar producir en los oyentes del siglo XXI los mismos efectos psico-emocionales que provocó una interpretación del siglo XVIII, cambiando la música, es poco riguroso, porque su comprobabilidad está sujeta a conjeturas[138]. Es decir, los contrafácticos de la teoría de Kivy serían indemostrables. Lo que sí podemos demostrar y reproducir es cómo sonaba cuando fue compuesta y adecuadamente interpretada. Además, no hay razón, según Levinson, para preocuparse por lo que los compositores deseaban, porque tenemos sus obras, que recogen pres-

---

[137] Levinson, Jerrold, «In defense of authentic performance: Adjust your ears, not the music» en *Of essence and context: Between music and philosophy*, Cham, Springer, 2019, pp. 185-195.
[138] *Ibid.*, p. 188.

cripciones anotadas en una partitura, vinculadas a unas convenciones. Sus obras, que son públicas, son aquello con lo que contraemos responsabilidades culturales[139].

Según Levinson, lo que nos interesa es estar en contacto con músicas de otras épocas y experimentarlas, y la función del intérprete es ofrecernos esa posibilidad. Por lo tanto, para escuchar las propiedades estéticas que están condicionadas por el contexto o arraigadas históricamente (como un acorde sorpresivo, que ya no sorprende), es necesario que estemos informados y que nuestra escucha sea flexible. Solo así podemos *escucharla hoy como se escuchó*, accediendo con ayuda de la imaginación a la mentalidad de aquellos oyentes[140].

No obstante, es en «Authentic performance and performance means» donde Levinson establece los límites de la autenticidad. Como punto de partida, declara estar de acuerdo con la postura de Davies porque considera que la autenticidad es estrictamente una cuestión de fidelidad a las intenciones determinantes expresadas públicamente en una partitura por un compositor[141], pero observa que se centra exclusivamente en obtener un sonido determinado por el sonido mismo, es decir, tal como habría surgido de una interpretación ideal contemporánea. Para Levinson, las interpretaciones son auténticas en virtud de que se interpreten en los instrumentos, medios o fuerzas instrumentales para los que fueron concebidas[142]. De no hacerlo, se anularían propiedades estéticas que son cruciales para la obra musical –que no son solo sonido– y no se trasmitirían mediante la interpretación.

La expresividad de una obra se deriva de que percibamos cómo se interpreta, de qué manera exacta se produce un resultado sonoro y de nuestra relación con su sonido. Es decir, es el resultado conjunto de cómo suena y de cómo se supone que se ha producido ese sonido en la

---

[139] *Ibid.*, p. 189.
[140] *Ibid.*, p. 193.
[141] Levinson, Jerrold, *Music, art, and metaphysics, op. cit.*, pp. 393-394.
[142] *Ibid.*, p. 394.

interpretación. En efecto, aunque un sintetizador tímbrico fuera capaz de producir los mismos sonidos, Levinson afirma que estos no podrían tener la misma cualidad que si fueran producidos por un determinado instrumento de viento, por las articulaciones con el arco o por los golpes con baqueta, porque:

> Escuchamos pasajes como un suspiro, como un chirrido, como serrando, como un martillazo, como un choque, como retumbando, etc. todo ello hace referencia implícita a un tipo de acción conectada con el aspecto sonoro del pasaje como su presunta fuente[143].

Y aunque pudiéramos decir que un sonido tiene estas características, el hecho de que su emisión no haya sido causada por un instrumento y por las acciones debidas, hace que pierda parte de su contenido semántico. Y esto las vuelve inauténticas.

Un argumento complementario parte de la suposición de que el contenido expresivo de una obra se basa en la interpretación de gestos musicales que imitan el comportamiento humano. Pero a su vez, escuchamos los gestos a través de la sucesión de notas que han sido producidas de una determinada manera, con unas acciones concretas. Si esto es así, el contenido expresivo no puede separarse de los medios de interpretación para los que fue pensado y una interpretación auténtica debe respetarlas. Si el ejercicio de imaginación por el cual atribuimos un gesto a una expresión humana no refiere a una interpretación que puede ser vista, esto produciría una disonancia cognitiva indeseable[144]:

> Si las piezas de nuestra tradición clásica son para instrumentos, y si su expresividad está ligada a las potencialidades físicas y a las gamas gestuales de esos mismos instrumentos, entonces seguramente una interpretación auténtica requiere la interpretación con esos instrumentos, y no solo porque un cierto sonido *tout court* sea por ello logrado en consecuencia[145].

---

[143] *Ibid.*, p. 397.
[144] *Ibid.*, pp. 398-399.
[145] *Ibid.*, p. 402.

Por ello considera erróneo el argumento sonicista –que prioriza el sonido resultante, independientemente de cómo se produzca– porque nos obligaría a ignorar la fuente de sonido durante un concierto en directo y a imaginar algo distinto de lo que estamos viendo; esto sería imponer acrobacias a quien escucha para que perciba una expresividad forzada, algo que debería surgir de manera natural. Asimismo, desde el punto de vista de la evaluación de la interpretación musical, una comparación entre interpretaciones sería imposible, ya que si el instrumento mismo no está implicado, no podríamos comparar las decisiones de los músicos actuales con las de otros intérpretes del pasado o en función de la naturaleza del su instrumento[146].

Si esto es así, la instrumentación no solo está destinada a producir un determinado sonido, sino que está ligada a la expresividad y al carácter estético de una pieza. Además, está implicada en el contenido estético, porque para percibirlo adecuadamente, debemos estar familiarizados con los instrumentos, con sus mecanismos y potenciales físicos, para ubicar los gestos y los sonidos en el repertorio expresivo humano. Esta familiaridad, esencial para valorar la autenticidad de una interpretación, surge por nuestro conocimiento de la historia, nuestra experiencia auditiva y por la práctica e interpretación de esos instrumentos. En este sentido, dice Levinson, la música es una actividad tanto física como espiritual y esta última no puede comprenderse bien si no se reconoce el papel específico determinante de la primera en él[147].

Como sugerimos anteriormente, Davies sigue una línea purista porque defiende que «una interpretación de una obra es auténtica si es una fiel instancia de la obra, realizada siguiendo las instrucciones determinantes de la obra del compositor puesto que estas están públicamente grabadas en la partitura»[148]. Sin embargo, para este autor se trata de un criterio gradual. Una interpretación, incluso si es imperfecta y no es

---

[146] *Ibid.*, pp. 404-405.
[147] *Ibid.*, p. 408.
[148] Davies, Stephen, *Musical works and performances, op. cit.*, p. 207.

idealmente auténtica, en la medida en que es una instancia de la obra, es fiel a ella. Aunque, cuanto más fiel es la interpretación, más auténtica. En este sentido, se aleja del concepto de autenticidad que defiende el movimiento de la interpretación históricamente informada, porque la autenticidad es un *requisito ontológico* y no una opción interpretativa entre otras; esto es: si una obra es identificable por las instrucciones determinantes del compositor, aquella solo puede interpretarse siguiendo dichas instrucciones, e ignorarlas equivaldría a no interpretarla. Es una cuestión ontológica que no aplica a una música concreta de épocas anteriores, sino a la interpretación de toda música. Si bien es cierto que la familiaridad con las convenciones y los instrumentos hacen más fácil la tarea que cuando la obra requiere de una técnica o unos instrumentos con los que el intérprete no se siente seguro, lo que indicaría que hay dificultades en la comprensión de las instrucciones del autor[149].

Consecuentemente, según Davies, la autenticidad no se logra solamente en una única interpretación auténtica, porque aunque el compositor establece de manera determinante qué debe hacerse para lograr una instancia auténtica de la obra, dos instancias pueden sonar diferente, porque las instrucciones de los compositores subdeterminan el sonido de una interpretación particular idealmente auténtica y durante la interpretación emergen problemas que debe resolver el intérprete[150]. Además, dado que las condiciones de la primera interpretación a menudo no son las óptimas, podemos optimizar las condiciones actuales para lograr la mejor interpretación que fuera posible para aquel tiempo, incluso si esto no estaba disponible para el compositor[151].

De modo que, respecto al argumento según el cual la interpretación auténtica es la que reproduce lo que el compositor oyó en su mente, Davies aduce que la autenticidad sería irrealizable, puesto que no pode-

---

[149] *Ibid.*, pp. 207-209.
[150] *Ibid.*, p. 209.
[151] *Ibid.*, p. 210.

mos llegar hasta la mente del compositor[152]; y aunque pudiéramos conocer los deseos del compositor, estos no serían determinantes, ya que la música es un arte de interpretación y, como tal, en la concepción de la obra, el compositor deja un margen de libertad a la interpretación[153]. Y respecto a que las intenciones sean estados privados y apenas accesibles, Davies afirma que hay actos intencionales que sí quedan reflejados en la partitura. La labor del compositor está siempre influida por las convenciones notacionales e ideales interpretativos de su contexto, lo que hace que sus indicaciones sean publicables y que estas sean las que deban seguir los intérpretes al interpretar sus obras. Estas convenciones hacen posible la comunicación entre compositor e intérprete y también establecen límites sobre lo que la obra puede establecer como determinante. Para Davies, la autenticidad se logra llevando a cabo las instrucciones determinantes, no las recomendaciones, y el arbitrio del intérprete debe ajustarse a lo que la práctica interpretativa de su tiempo le permita[154]. Por esta razón, no es extraño que Davies rechace también el método contrafactual de Kivy, porque aunque sería plausible en los casos en que hay evidencia de que el compositor no estaba satisfecho con el mejor resultado disponible, los compositores son prácticos e intentan adaptar su creación a los medios de los que disponen[155].

Por último, en cuanto al concepto de autenticidad como fidelidad a uno mismo considera que, aunque es una acepción legítima de autenticidad, es muy diferente a la noción de autenticidad como fiel a la obra del compositor, que es a la que aspiran musicólogos e intérpretes. Aun así, Davies acepta la posibilidad de este tipo de autenticidad porque es consciente de que las composiciones han sido escritas para la interpretación, luego están subdeterminadas y necesitan una toma de decisiones que trascienda las restricciones de la partitura y de las convenciones

---

[152] *Ibid.*, p. 210.
[153] *Ibid.*, p. 211.
[154] *Ibid.*, pp. 211-212.
[155] *Ibid.*, p. 223.

relevantes para la práctica. Solo siguiendo estas instrucciones se puede lograr una interpretación fiel a la obra, todo ello sin menospreciar el valor de las aportaciones creativas del intérprete, que son del todo necesarias para dar vida a las obras. De manera que, el intérprete puede y debería expresarse en la interpretación en la medida en que sea una contribución a la obra y no porque ignore o desprecie las indicaciones[156]. En resumen:

> La autenticidad es un asunto de ontología más que de interpretación. Una instancia idealmente auténtica de una obra musical es una que fielmente reproduce las propiedades constitutivas de la obra. El tipo de propiedades que determinan la obra musical varía; las obras musicales no son de un solo tipo ontológico. En consecuencia, lo que contribuye a la autenticidad también difiere entre casos[157].

Ahora bien, ¿es posible alcanzar la autenticidad en la práctica? Según Davies, lograr la autenticidad depende de que se disponga de una versión autorizada de la partitura y de un instrumento adecuado; de que el intérprete esté familiarizado con las convenciones y las prácticas interpretativas asumidas por el compositor; y de que además tenga un conocimiento práctico que le permita tocar de un modo adecuado. Sin embargo, estas condiciones no pueden darse fácilmente (caso de la música vocal medieval y renacentista), porque a menudo la versión autorizada por el compositor es difícil de determinar y aunque haya accesibilidad a los instrumentos antiguos, los músicos actuales no están familiarizados con la técnica necesaria. Sin embargo, esto no es una justificación para abandonar el anhelo de autenticidad en favor de estilos interpretativos anacrónicos e injustificados[158].

En definitiva, una perspectiva purista del criterio de autenticidad tal y como lo proponen Levinson y Davies es el cumplimiento de las in-

---

[156] *Ibid.*, pp. 225-226.
[157] *Ibid.*, p. 227.
[158] *Ibid.*, pp. 228-229.

tenciones que el compositor ha explicitado en una partitura, que están condicionadas por un contexto, unas convenciones notacionales y unas prácticas interpretativas, y que debe hacerse a través del instrumento para el que fue concebida la obra. Tales restricciones o conjunto de normas son las que el intérprete debe tener en cuenta si se compromete a tocar la obra de un compositor.

Llegados a este punto, podemos afirmar que tanto el enfoque liberal como el purista pueden contribuir a configurar los límites del carácter artístico del intérprete. La posición liberal de Thom destaca el valor de la autenticidad porque nos muestra nuevas perspectivas de las obras y las convenciones interpretativas que las circundan. No obstante, prioriza el valor de la interpretación sobre el de la obra, ya que la interpretación tiene un valor artístico que trasciende a la obra y que incluye el gesto, la puesta en escena, etc. El caso de Kivy, igualmente, pone en valor aspectos artísticos de la interpretación, ya que el intérprete debe desplegar su creatividad en ese salto especulativo, en la búsqueda de la autenticidad sensible y en la elaboración de sus versiones de la obra, donde puede dejar una genuina impronta de su ser artístico, ya que establece una analogía entre la composición y la interpretación. Sin embargo, ambas explicaciones, la inversión del valor de Thom y la apuesta por la autenticidad que contraviene las demandas de la interpretación histórica de Kivy, corren el riesgo de subestimar el compromiso que adquiere el intérprete al decidir interpretar una obra de un compositor y de tomar la partitura como un pretexto para otros fines artísticos. En este sentido, se alejarían de la interpretación musical como la hemos ido caracterizando a lo largo de este trabajo.

Por otro lado, el enfoque purista de Levinson restringe la interpretación a la partitura. Sin embargo, la autenticidad que obliga a interpretar en los medios interpretativos para los que fue concebida la obra, pone de relieve que, no solo el sonido mismo, sino también el modo como se lleva a cabo una interpretación forma parte del contenido semántico de la obra. Esto es así porque según las características organológicas y tímbricas de cada instrumento, la búsqueda de un determinado efecto sonoro exige una cierta gestualidad que contribuye a dar expresividad a la obra. En este sentido, el intérprete sería irremplazable. Sin embargo, dada la conexión que existe entre este concepto de autenticidad y su ontología de las obras musicales, Levinson no deja margen para que surja una pluralidad de interpretaciones auténticas, por lo que la labor del intérprete se asemejaría a la del musicólogo. En este sentido, Davies supera el desafío de Levinson, porque si el intérprete quiere ofrecer una interpretación auténtica solo tiene la obligación de cumplir con las instrucciones determinantes, no con las recomendaciones. Por lo que la variedad que emerja entre las diversas interpretaciones no amenazaría su autenticidad, porque la partitura subdetermina las interpretaciones de las obras.

4. CONCLUSIONES

Hemos llegado al final de nuestra investigación y es el momento para presentar nuestras conclusiones. En primer lugar, resulta innegable que la interpretación de obras musicales compuestas por sus compositores, cuyas instrucciones han sido explicitadas en una partitura, está sujeta a una serie de restricciones. Por un lado, la obra musical puede plantear límites a la libertad interpretativa en la medida en que un intérprete, cuando se compromete a interpretar una obra de un compositor, si quiere ofrecer una adecuada representación de ella, debe seguir las instrucciones explicitadas en una partitura; más aún si tenemos en cuenta que dicha partitura es el producto artístico de un compositor, cuyas vivencias personales, contexto histórico-cultural y prácticas interpretativas de su época condicionan el modo en que expresa sus intenciones. En este sentido, hemos visto cómo las teorías nominalista y platonista de las obras musicales reducen el margen de decisión del que dispone el intérprete y con ello su libertad creativa. Por lo que, si mantenemos nuestra hipótesis inicial, según la cual el intérprete es un artista y sigue teniendo vigencia en las prácticas de la tradición musical occidental, debemos comprometernos con ontologías pluralistas como el aristotelismo de Thom o el particularismo de Davies. Mientras que una ontología platonista como la de Kivy, aunque análogamente identifique la interpretación con la composición y el intérprete pueda disponer de su libertad creativa, esto no sucede en virtud de la naturaleza de las obras musicales, sino en virtud de la labor interpretativa.

Por otro lado, el criterio interpretativo de autenticidad puede restringir el margen que tiene el intérprete para hacer sus aportaciones creativas a la obra. Este concepto, que es relativamente nuevo en nuestra tradición musical, ya que surge en el siglo XIX, se ha extendido e instalado en todas nuestras prácticas musicales, pero se ha reinterpretado de diversas maneras. En este sentido, el enfoque purista de Levinson no realza la capacidad creativa del intérprete, puesto que una interpretación auténtica exige un profundo conocimiento de las prácticas interpretativas y notacionales implícitas en la obra y demanda la interpretación en el instrumento para el que fue concebido, porque de los medios interpretativos depende la identidad de la obra. Sin embargo, en su teoría, el intérprete es irremplazable en la medida en que la gestualidad del cuerpo es fuente de expresividad para la obra.

En el otro extremo, el enfoque liberal de Kivy, la creatividad se relaciona directamente con los objetivos del movimiento, pero hace una relectura según la cual debemos interpretar las obras a la luz de nuestras posibilidades actuales, situando las intenciones del compositor en nuestro presente y con nuestros medios, puesto que volver al pasado no es posible. En este sentido, el salto especulativo sitúa al intérprete en un marco creativo, en el que dispone de toda su libertad para realizar las adaptaciones oportunas. Por otro lado, para Thom el intérprete es plenamente libre porque no prioriza el valor artístico de la obra musical, sino de la interpretación, que se da siempre en un contexto concreto, para un público concreto y con las habilidades de un intérprete concreto. En este sentido, aunque Thom defiende que las inexactitudes que alejan una interpretación del ideal de autenticidad mantienen su valor artístico, también se distancia del esquema tradicional, donde la obra del compositor es el objeto central de la interpretación.

A partir de lo expuesto en el TFG, estamos en condiciones de afirmar que la propuesta sobre la autenticidad de Davies es la que mejor equilibra el valor creativo del intérprete y la búsqueda de la autenticidad en el marco interpretativo que hemos definido, en el que la obra ocupa un lugar central. Esto es así porque, por un lado, propone la autenticidad como un requisito ontológico, por el cual el intérprete debe seguir las instrucciones especificadas en la partitura y debe emplear los medios adecuados para ello pero, por otro lado, distingue entre instrucciones determinantes y recomendaciones, y es en ese resquicio donde el intérprete gana un espacio de libertad.

Si esto es así, en consonancia con nuestra tesis inicial, que es fruto de una intuición común, el intérprete es un artista y su vigencia es total. Para ello, valoramos estas restricciones como la condición de posibilidad para que emerja el valor artístico del intérprete. De igual forma que el bailarín o el actor, el intérprete no solo desarrolla virtudes técnicas o amplía su conocimiento musicológico, sino que dada su actualidad como artista descubre un lenguaje interpretativo propio, que incluye no solo una forma de hacer y decir, sino también un modo personal de entender la música como producto histórico y espiritual, del cual él mismo es cómplice y responsable.

Esta cualidad artística es indiscutible porque no emerge solo en relación con la obra particular que se interpreta, sino que es el resultado de un largo proceso de formación a través de numerosas obras musicales recogidas en la tradición, que encapsulan modos de sentir, de expresar y de pensar muy diversos y que exigen un abordaje técnico y musical específico. Esto quiere decir que el intérprete no sería artista por ser capaz de tocar la *Toccata en do menor* de Bach o por ser capaz de dirigir la *Quinta Sinfonía* de Beethoven, sino que sería artista porque para lograr una representación auténtica, en el sentido que perfila Davies, requiere haber trazado un camino propio que, a la vez que moldea el ser artístico del músico intérprete, este imprime su propio carácter en cada uno de esos momentos. Todo ello configura un conjunto de vivencias intransferibles. En este sentido, es cierto que el intérprete sucede al creador de las obras musicales, es decir, la interpretación de obras necesita de la previa labor artística del compositor, pero ontológicamente la interpretación es constitutiva de la actividad compositiva, porque cumple el sentido teleológico de la obra para la interpretación. Podría objetarse que el compositor puede ser el intérprete de sus propias obras o que el intérprete siempre tiene algunas habilidades compositivas, pero independientemente de que en un mismo sujeto se dé a la vez ser compositor e intérprete, la interpretación cumple con el cometido de una obra para la interpretación, que es ser presentada como objeto sonoro ante una audiencia.

75

Por lo tanto, el rol del intérprete sigue siendo vigente, porque es quien vivifica las obras musicales y en ese vivificar conserva una historia de la música que sigue nutriendo nuestro acervo cultural e inspirando a los nuevos artistas. Mantiene viva la obra de compositores ya fallecidos y a los compositores mismos, cuyas peripecias siguen siendo asunto de musicólogos, historiadores, intérpretes y melómanos. Pero no solo conserva una tradición, sino también un conocimiento de la práctica instrumental nada baladí, que comprende rigurosos desarrollos organológicos y biomecánicos que permiten alcanzar resultados más sofisticados y perfeccionados, lo que supone una creciente fuente de libertad para la expresión musical.

Con esta puesta en valor del intérprete, la interpretación no puede ser solo la realización perfecta de una obra musical, para la que únicamente unos pocos estarían capacitados. Debe ser algo más que el cumplimiento de un ideal de perfección, pero no porque se abandone en las prácticas interpretativas, sino porque en la medida en que la autenticidad, como cumplimiento de las intenciones del compositor, es un criterio gradual, evaluable en contexto, siempre que el intérprete haga una lectura bienintencionada del texto, toda aproximación a las obras musicales supone cumplir con el propósito de la obra musical, que es ser presentada ante una audiencia. Y en este sentido, el intérprete puede optar por interpretar según las exigencias del movimiento de la interpretación histórica o puede optar por seguir los pasos de una interpretación convencional. Ahora bien, sea cual fuere su elección, su interpretación tendrá siempre un valor artístico debido a la naturaleza propia de su actividad.

BIBLIOGRAFÍA

Adorno, Theodor W., *Filosofía de la nueva música*, trad. Alfredo Brotons Muñoz, Madrid, Ediciones Akal, 2002.

Bourdieu, Pierre, *La distinción: Criterios y bases sociales del gusto*, trad. Mª del Carmen Ruiz de Elvira, Madrid, Taurus, 1998.

Budd, Malcolm, «The repudiation of emotion: Hanslick on music», *The Journal of Aesthetics and Art Criticism*, 47/2, 1989, pp. 131-143.

Cooper, David E., *Music, nature, and culture*, Oxford, Oxford University Press, 1998.

Currie, Gregory, *An ontology of art*, Houndmills, Macmillan Press, 1989.

Davies, Stephen, *The expression of emotion in music*, Oxford, Oxford University Press, 1994.

Davies, Stephen, *Musical works and performances*, Oxford, Clarendon Press, 2001.

Davies, Stephen, «Analytic philosophy» en *The Routledge Companion to Philosophy and Music*, eds. Theodore Gracyk y Andrew Kania, Oxford, Routledge, 2011, pp. 294-304.

Davies, Stephen, *Cómo entender una obra musical y otros ensayos de filosofía de la música,* trad. Rodrigo Guijarro Lasheras, Madrid, Cátedra, 2017.

Dickie, George, «Definition of «Art»», en *A Companion to Aesthetics*, ed. David E. Cooper, Oxford, Blackwell, 1992.

Dipert, Randall, «The composer's intentions: An evaluation of their relevance for performance», *Musical* Quarterly, 66/2, 1980, pp. 205-218.

Godlovitch, Stan, «Authentic performance», *The* Monist, 71/2, 1988, pp. 258-277.

Godlovitch, Stan, «Innovation and conservatism in performance practice», *The Journal of Aesthetics and Art Criticism*, 55/2, 1997, pp. 151–168.

Godlovitch, Stan, *Musical performance: a philosophical study*, London, Routledge, 1998.

Goehr, Lydia, *El museo imaginario de las obras musicales: un ensayo de la filosofía de la música,* trad. Sixto Castro, Madrid, Trotta, 2023.

Goodman, Nelson, *Los lenguajes del arte: Aproximación a la teoría de los símbolos*, trad. Jem Cabanes, Barcelona, Paidós, 2010.

Hegel, G. W. F, *Filosofía del arte o estética (verano de 1826),* trad. Domingo Hernández Sánchez, Madrid, Abada, 2006.

Ingarden, Roman, U*ntersuchungen zur Ontologie der Kunst: Musikwerk. Bild. Architektur. Film*, Tübingen, Niemeyer Verlag, 1962.

Kania, Andrew y Gracyk, Theodore, «Performances and recordings» en *The Routledge Companion to Philosophy and Music*, eds. Theodore Gracyk y Andrew Kania, Oxford, Routledge, 2011, pp. 80-90.

Kendall, A., «Authentic performance», *The New Grove Dictionary of Music and Musicians*, ed. Stanley Sadie, vol. 1, 2001, Oxford, Oxford University Press, pp. 620-625.

Kivy, Peter, *The corded shell: Reflections on musical expression*, Princeton, Princeton University Press, 1980.

Kivy, Peter, «Platonism in music: another kind of defense», *American Philosophical Quarterly,* 24/3, 1987, pp. 245-252.

Kivy, Peter, *Authenticities: Philosophical reflections on musical performances*, Ithaca, Cornell University Press, 1995.

Kivy, Peter, *Themes in philosophy of music,* Oxford, Clarendon Press, 2002.

Lamarque, Peter, «The British Journal of Aesthetics: Forty Years», en *The British Journal of Aesthetics*, 40/1, 2000, pp. 1-10.

Levinson, Jerrold, «What a musical work is», *The Journal of Philosophy*, 77/1, 1980, pp. 5-28.

Levinson, Jerrold, *Music, art, and metaphysics*, New York, Oxford University Press, 2011.

Levinson, Jerrold, «In defense of authentic performance: Adjust your ears, not the music», en *Of essence and context: Between music and philosophy*, Cham, Springer, 2019, pp. 185-195.

Margolis, Joseph, *The language of art and art criticism*, Detroit, Wayne State University Press, 1965.

Mark, Thomas Carson, «On Works of Virtuosity», *The Journal of Philosophy*, 77/1, 1980, pp. 28-45.

Mark, Thomas Carson, «The philosophy of piano playing: Reflection on the concept of performance», *Philosophy and Phenomenological Research*, 41/3, 1981, pp. 299-324.

Matheson, Carl y Caplan, Ben, «Ontology», *The Routledge Companion to Philosophy and Music*, eds. Theodore Gracyk y Andrew Kania, Oxford, Routledge, 2011, pp. 38-47.

Roholt, Tiger C., «Continental philosophy and music», en *The Routledge Companion to Philosophy and Music*, eds. Theodore Gracyk y Andrew Kania, Oxford, Routledge, 2011, pp. 284-293.

Searle, John R. y Vanderveken, Daniel, *Foundations of illocutionary logic*, Cambridge, Cambridge University Press, 1984.

Sessions, Roger, *The musical experience of composer, performer, listener*, Princeton, Princeton University Press, 1950.

Schopenhauer, Arthur, *El mundo como voluntad y representación*, trad. Pilar López de Santa María, Madrid, Trotta, 2002.

Stecker, Robert, *Artworks: definitions, meanings, value,* Filadelfia, The Pennsylvania State University Press., 1997.

Stevenson, Charles Leslie, «On 'What is a poem?'», *Philosophical Review*, 66, 1957, pp. 329-362.

Taruskin, Richard, «On letting the music speak for itself», *Journal of Musicology*, 1, 1982, pp. 338-349.

Taruskin, Richard, «The limits of authenticity: A discussion», *Early Music*, 12, 1984, pp. 3-12.

Thom, Paul, *For an audience: a philosophy of the performing arts*, Philadelphia, Temple University, 1993.

Thom, Paul, *Making sense: A theory of interpretation*, Lanham, Rowman & Littlefield, 2000.

Thom, Paul, «The interpretation of music in performance», *British Journal of Aesthetics,* 45/2, 2003.

Thom, Paul, «Authentic performance practice» en *The Routledge Companion to Philosophy and Music*, eds. Theodore Gracyk y Andrew Kania, Oxford, Routledge, 2011, pp. 91-100.

Wollheim, Richard, *Art and its objects*, New York, Harper & Row, 1968.

Wolterstorff, Nicholas, *Woks and worlds of art*, Oxford, Clarendon, 1980.

Published
in May
2025

Faber & Sapiens